Für meinen Vater Walter Liebertz
(16.8.1921 – 27.9.2000)

Charmaine Liebertz

Das Schatzbuch der Herzensbildung

Grundlagen, Methoden und Spiele
zur emotionalen Intelligenz

Hrsg. von der Gesellschaft
für ganzheitliches Lernen e.V.

DON BOSCO

Bereits von Charmaine Liebertz erschienen:

ISBN 3-7698-1159-3

ISBN 3-7698-1236-0

Bibliografische Information der Deutschen Bibliothek

Die Deutsche Bibliothek verzeichnet diese Publikation in der Deutschen Nationalbibliografie; detaillierte bibliografische Daten sind im Internet über http://dnb.ddb.de abrufbar.

2. Auflage 2005 / ISBN 3-7698-1446-0

Umschlag und Illustrationen: Margret Russer
Satz: undercover, Augsburg
Produktion: Don Bosco Grafischer Betrieb, Ensdorf

Gedruckt auf umweltfreundlichem Papier.

Inhaltsverzeichnis

Welche Schätze birgt dieses Buch? . . . 7

1. Die Neue Kindheit und ihre emotionale Situation . . . 12
   Zwischen Gewalt und Depression . . . 13
   Mein Freund, der Bildschirm . . . 14
   Vom Schwinden der Vorbilder . . . 15
   Auf der Suche nach Identität . . . 17
   Verdurstet die kindliche Seele? . . . 18

2. Gefühle kommen von Herzen – Kleine Kultur- und Medizingeschichte . . . 22

3. Emotionen entstehen im Gehirn – Neues aus der Hirnforschung . . . 29
   Das limbische System . . . 31
   Die Stirnlappen . . . 33
   Die Dominanz der Hirnhälften . . . 34
   Die Chemie der Gefühle . . . 35
   Der Darm hat Gefühle . . . 36
   Gefühle und Lernen . . . 37
   Gefühle und Gedächtnis . . . 38

4. Von der Herzensbildung zur emotionalen Intelligenz . . . 43

5. Die Bausteine der emotionalen Intelligenz . . . 52

   Erster Baustein: Die eigenen Emotionen kennen lernen und wahrnehmen . . . 62
      Spiele, Spiele, Spiele . . . 70

   Zweiter Baustein: Emotionen handhaben . . . 82
      Spiele, Spiele, Spiele . . . 90

Dritter Baustein: Emotionen in die Tat umsetzen 99
Spiele, Spiele, Spiele 104

Vierter Baustein: Empathie entwickeln 114
Spiele, Spiele, Spiele 120

Fünfter Baustein: Soziale Kompetenz erwerben 130
Spiele, Spiele, Spiele 138

6. Lachen tut gut! 150
Spiele, Spiele, Spiele 157

7. Nachdenkliches von Herzen 168

8. Kleine Schatztruhe der Herzensbildung 174

Wertvolle Adressen und Adressaten 180

Unser mobiles Fortbildungsangebot 184

Anmerkungen 185
Literatur 193
Spieleregister 198
Danke! 200

Welche Schätze birgt dieses Buch?

Wohin du auch gehst ,
gehe mit deinem ganzen Herzen!
Konfuzius

„Auf die Herzensbildung kommt es an!", sagte mein Vater, wenn er versuchte, einen Menschen einzuschätzen. Schmunzeln Sie? Ich tat es damals auch. Heute ist mein Schmunzeln gewichen, denn meine Lebenserfahrung hat mir gezeigt, wie Recht er hatte. Längst hüte ich diesen Satz in der *Schatztruhe der Herzensbildung*, aus der ich schöpfe, um meinen Sohn Jérôme zu erziehen. Die weiteren dort verborgenen Schätze habe ich Ihnen in diesem Schatzbuch der Herzensbildung zusammengetragen.
Mag sein, dass Ihnen das Wort *Herzensbildung* ein wenig antiquiert erscheint. Ich wählte es in dem Bewusstsein, dass Bildung mehr ist als nur eine Frage des Wissens und des Verstandes. Der Begriff *Herzensbildung* macht deutlich, dass die Wissensmenge nicht das ausschließliche Gütekriterium für einen gebildeten Menschen ist, sondern dass er darüber hinaus Schlüsselqualifikationen aus dem Reich des Herzens, der Emotionalität und der Menschenkenntnis braucht.
Der Titel meines Buches versteht sich auch als Homage an die philosophischen Vordenker und Reformpädagogen, die sich für eine Erziehung mit Kopf, Herz und Hand eingesetzt haben:

„Ein junger Mensch, der in einer glücklichen Einfalt erzogen wurde, wird zu zärtlichen und liebevollen Empfindungen angeregt. Sein Herz wird durch die Leiden seiner Mitmenschen bewegt; er erschauert vor Freude, wenn er seinen Freund wiedersieht; er umarmt ihn gerührt und weint vor Bewegung. Er schämt sich, wenn er Mißfallen erregt, und bedauert, wenn er jemanden beleidigt hat. Wenn ihn sein heißes Blut aufbrausen und zornig werden lässt, erkennt man seine ganze Herzensgüte im Erguß seiner Reue. Seine Erregung erlischt, sein Stolz beugt sich vor dem Gefühl, gefehlt zu haben. Wurde er selbst beleidigt, so verzeiht er mitten in seiner Wut auf das erste Wort der Entschuldigung. Er verzeiht das Unrecht anderer ebenso herzlich, wie er sein eigenes wiedergutmacht."

Eine solch reiche Herzensbildung – wie sie der französische Philosoph Jean-Jacques Rousseau in seinem 1762 erschienenen Erziehungsroman beschreibt – fällt nicht vom Himmel! Emotionale Fähigkeiten und Fertigkeiten sind nicht angeboren; sie entwickeln sich Schritt für Schritt im alltäglichen Miteinander von frühester Kindheit bis ins hohe Alter. Gefühle bilden die Gleise für den Zug des Lebens. Wenn sie in der Kindheit breit und stabil angelegt wurden, dann ist ein Entgleisen sehr unwahrscheinlich.
Die alte Forderung nach Herzensbildung hat an Aktualität nicht verloren; sie ist heute meines Erachtens wichtiger denn je. So forderte schon unser Ex-Bundespräsident Roman Herzog[1] in seiner viel zitierten Rede *Gut und gütig*: „Wir brauchen Menschen, deren Solidarität auch diejenigen umfasst, die für sie nicht nützlich werden können und deren Vernunft nicht nur von kalter Rationalität und Effizienzorientierung geprägt ist, sondern auch von einer raison de coeur, von Herzensbildung also."
Auch der damalige Bundespräsident Johannes Rau fordert in seinem Buch *Den ganzen Menschen bilden – wider dem Nützlichkeitszwang* (2004): „Denken und verstehen: Das hat zu tun mit dem ganzen Menschen, mit Leib und Seele, mit Herz und Verstand." (S. 16)
Mit meinem Schatzbuch möchte ich Ihnen, liebe Leser, viele *Werkzeuge der Herzensbildung* an die Hand geben, damit Kinder überall – im Elternhaus, im Kindergarten oder in der Schule – das erforderliche Kraftpaket zur ganzheitlichen Bewältigung ihrer Zukunft erhalten: die emotionale Intelligenz!

In **Kapitel 1** finden Sie Fakten zur **emotionalen Situation der Neuen Kindheit**, an denen Sie deutlich erkennen werden, dass es höchste Zeit ist, die emotionale Entwicklung unserer Kinder stärker in den Blickpunkt von Bildung und Erziehung zu rücken. Eine Kindheit gerät jedoch nicht aus eigenem Verschulden in Schieflage, sie ist immer auch ein Spiegelbild der Erwachsenenwelt.

In **Kapitel 2** erwartet Sie eine **kleine Kultur- und Medizingeschichte**. Um kein anderes Organ des Menschen rankten sich im Laufe der Jahrhunderte so viele Sitten, Mythen und Geschichten wie um das Herz. Damals war man sich noch sicher: **Gefühle kommen von Herzen!** Dieses Kapitel beantwortet u. a. auch die Fragen: Welche Rolle spielt das Herz in der traditionellen Medizin Indiens oder Chinas; welche bahnbrechenden Herz-Entdeckungen wurden in der europäischen Medizingeschichte gemacht?

Heute wissen wir dank der Hirnforschung: **Emotionen entstehen im Gehirn**. Im **Kapitel 3** erfahren Sie, dass Gefühle nicht, wie lange Zeit vermutet, nur in einer Hirnregion – nämlich dem Limbischen System – entstehen, sondern auf einem Netzwerk an Funktionen beruhen, die wiederum unser Denken beeinflussen. Das Gehirn arbeitet nicht lokal sondern systemisch, Denken und Fühlen existieren nicht separat sondern vernetzt. Wie sich Gefühle auf Behalten und Lernen auswirken, darauf gehe ich am Ende des Kapitels ein.

In **Kapitel 4** verdeutlicht der historische Exkurs **Von der Herzensbildung zur emotionalen Intelligenz,** dass viele Philosophen, Dichter, Reformpädagogen und Neurologen einer Meinung waren und sind: Zur intelligenten Lebensführung gehört die Wahrnehmung, Beherrschung und Handhabung der Gefühlswelt! Der amerikanische Psychologe Daniel Goleman[2] drückte dies sehr treffend aus: „Was nützt ein hoher IQ, wenn man ein emotionaler Trottel ist?" Bei meinen Recherchen in der Vergangenheit der Herzensbildung ging ich der spannenden Frage nach dem Ursprung des Wortes und seinen ersten zeitgenössischen Literaturbelegen nach. Was Johann Wolfgang von Goethe noch zärtlich romantisierend *Herzensbildung* und Jean-Jacques Rousseau die *Kunst der Menschenbildung* nannte, bezeichnen wir heute als *emotionale Intelligenz.*

Wie wir sie im kindlichen Entwicklungsprozess Schritt für Schritt fördern können, damit beschäftigt sich das **Kapitel 5**. Hier erhalten Sie Antworten auf wichtige Fragen: Was ist der Unterschied zwischen Gefühl und Emotion? Sind Gefühle angeboren oder anerzogen? Wie entwickelt sich das emotionale Gehirn? Welche Rolle spielen Erwachsene im emotionalen Reifungsprozess? Die untergeordneten **Kapitel** erläutern Ihnen die **fünf Bausteine der emotionalen Intelligenz** basierend auf der Theorie des Psychologen Daniel Goleman. Dieser umfangreichste Teil des Buches beschäftigt sich mit der Praxis, mit der konkreten Anwendung in Ihrem pädagogischen Alltag. Wie schon in meinem vorhergehenden Schatzbuch[3] habe ich zu jedem Baustein Spiele gesammelt und entwickelt. Für meine Spiele brauchen Sie weder Geld noch Materialien, und doch werden die Spiele wertvolle Spuren im *emotionalen Gehirn* des Kindes hinterlassen.

Wussten Sie schon, dass Lachforscher, genauer gesagt Geotologen, heute nachweisen können, was wir immer schon ahnten: **Lachen tut gut!** In **Kapitel 6** erfahren Sie Interessantes über die älteste Form der Kommunikation, über den *therapeutischen Humor* und warum Lachen und Lernen ein Traumpaar sind.

Als Schlusswort und Ausblick gebe ich Ihnen in **Kapitel 7 Nachdenkliches von Herzen** mit auf den Weg.

Geschichten zum Staunen, Besinnen und Schmunzeln aus dem Reich der Gefühle erwarten Sie in **Kapitel 8**. Diese **kleine Schatztruhe der Herzensbildung** möchte Ihnen Mut und Kraft geben, für den kleinen Wandel im großen Alltagstrott.

Wertvolle Adressen aus Deutschland, Österreich und der Schweiz habe ich für Sie in **Kapitel 9** zusammen getragen. Das Spektrum reicht vom Zentrum für das trauernde Kind bis hin zum Lachclub.

Jeweils am Ende eines Kapitels erhalten Sie konkrete Tipps für Ihren pädagogischen Alltag. In meinem *Schatzbuch des ganzheitlichen Lernens* (2003) nannte ich diesen Abschnitt *Was Pädagogen wissen sollten*, aber angesichts des Themas Herzensbildung, fand ich *Was Pädagogen beherzigen sollten* angemessener. Der Begriff beherzigen stammt aus dem 16. Jahrhundert und bedeutete ursprünglich „ermutigen" und „in Rührung versetzen". In diesem Sinne verstehe ich auch meine Ratschläge.

Kindergarten und Schule stehen heute unter einem hohen Erwartungsdruck: Sie sollen sowohl Fähigkeiten und Kenntnisse auf höchstem Niveau vermitteln als auch emotional-soziale Kompetenz. Viele Ausbildungsmeister vermissen bei Lehrlingen Initiative, Kooperationsfähigkeit, Selbstständigkeit, Durchhaltevermögen und Affektkontrolle. Der Ruf nach Wertevermittlung, nach emotional-sozialen Schlüsselqualifikationen ertönt immer lauter und findet seine lächerlichste Ausprägung in Benimm-Unterrichtsstunden! Hier wird die Vorstellung erweckt, man könne Werte wie einen Stoff vermitteln. Dabei wird übersehen, dass wir in jedem Augenblick unseres Daseins eine Einheit von Kopf, Herz und Hand sind. Jeder, der mit Kindern lebt und arbeitet, sollte sich bewusst werden, dass er ihren emotionalen Reifungsprozess nicht einfach ans Elternhaus, an den Kindergarten oder an die Schule delegieren kann. Wir alle stehen, ob zu Hause oder im Unterricht, einem ganzen Kind gegenüber und können nicht nur Teile von ihm bedienen und alle anderen Facetten seines Menschseins den Anderen überlassen. Ständig wechselnde Schuldzuweisungen helfen Kindern nicht weiter; vielmehr sollten sie erleben, dass wir alle uns überall und jederzeit für ihre ganzheitliche Entwicklung verantwortlich fühlen.

Wenn ich also im Buch von Pädagogen spreche, dann wende ich mich nicht nur an die etablierten Berufsgruppen wie Erzieherinnen und Lehrer sondern auch an Mütter, Väter, Großeltern und an alle, die den Reifungsprozess eines Kindes begleiten.

Auf die Frage eines Reporters „Ist das analytisch-kognitive Zeitalter am Ende?" antwortete Daniel Goleman[4]: „Ganz und gar nicht. Wir müssen nur noch das Herz dazuaddieren." Wie wahr! So möchte ich in die lange Reihe der analytisch-kognitiven Fachbücher nunmehr eines zur Herzensbildung hinzufügen, nicht mehr und nicht weniger!

Kapitel 1

Die Neue Kindheit und ihre emotionale Situation

Mit einer Kindheit voll Liebe kann man ein halbes Leben hindurch für die kalte Welt haushalten.
Jean Paul

Zwischen Gewalt und Depression

Wenn achtjährige Kinder aufeinander einschlagen und hemmungslos auf dem Boden liegende Erstklässler treten, wenn Zehnjährige sich als Bildschirmhelden omnipotent fühlen aber letztendlich einsam sind, wenn Jugendliche ihre Mitschüler erpressen und ihre Lehrer körperlich bedrohen, dann ist die Frage „Was ist los mit der neuen Generation?" längst überfällig.

Natürlich waren früher Rangeleien unter Kindern auch an der Tagesordnung. Heute jedoch rollt eine Aggressionswelle von bislang einmaligem Ausmaß auf Elternhaus, Kindergarten und Schule zu. Der Direktor des Instituts für kriminologische Sozialforschung an der Uni Hamburg, Prof. Dr. Scheerer[5], erläutert, dass 34 % der Gewalttaten in Deutschland von Kindern und Jugendlichen begangen werden – also jede dritte Tat – obwohl sie nur 23 % der Bevölkerung ausmachen! Dabei gehen 90 % der Gewaltkriminalität auf das Konto junger Männer; hier gibt es die meisten Täter und Opfer. Kein Wunder, wenn man bedenkt, dass die brutalen Helden aus den Medien die jungentypischen Größenphantasien prägen. Eine Umfrage der UNESCO von 5.000 Kindern im Alter von 12 Jahren in 23 Ländern ergab: Jeder dritte Junge sieht den Terminator gespielt von Arnold Schwarzenegger als sein männliches Vorbild an! Der amerikanische Psychologe Daniel Goleman[6] warnt:

„Das Risiko von Gefühlsausbrüchen nimmt zu, weil wir unsere emotionale Intelligenz nicht schulen, während die Angst im Alltag wächst. Wir rechnen an jeder Straßenecke mit Gefahren. Mehr und mehr Leute, vor allem Jugendliche tragen Waffen. Die drücken einfach ab, wenn der Verstand von der Angst überrumpelt wird. Tatsächlich gibt es heute Kinder, die ein neutrales Gesicht nicht von einem feindlichen unterscheiden können. Sie schlagen ein anderes Kind, weil sie dessen Gesichtsausdruck falsch interpretieren."

Nicht jedes Kind reagiert auf die fortschreitende Vereinsamung, emotionale Kälte und soziale Heimatlosigkeit mit Gewalt. Manche verhalten sich unsicher, wählen den Rückzug nach innen und stehen traurig abseits des Geschehens. Diese Außenseiter sind nur leiser als die *Hau-drauf-Kandidaten*, aber sie sollten uns nicht weniger Sorgen machen, denn unter ihnen leiden viele an Depressionen, Schlafstörungen und Nervosität.

Mein Freund, der Bildschirm

Viele Kinder wissen heute mehr über ihren Lieblingsdarsteller in einer *soap*-Sendung als über ihren Klassenkamaraden. Der Hamburger Erziehungswissenschaftler Prof. Dr. Peter Struck[7] warnt: „Kinder sind früher mit Menschen aufgewachsen, heute leben sie überwiegend mit Sachen und Bildschirmen, so dass ihre Bilanz nicht stimmt. Viele von ihnen sind in die *innere Emigration* gegangen, privatisieren stundenlang hinter einer verschlossenen Tür allein mit dem Bildschirm." Dort schauen sie wöchentlich bis zu 40 Stunden lang Fernsehen; dabei sehen sie 800 Gewalttaten und 150 Morde! Laut einer UNESCO-Studie hat ein zwölfjähriges Kind im Laufe seines Lebens 14.000 Morde im Fernsehen erlebt! Und wenn, wie dieses Jahr geschehen, ein 15-jähriger ostdeutscher Jugendlicher seinen Selbstmord über einen chatroom im Internet verkündet, so ist dies nicht nur ein persönlicher Hilferuf, sondern der einer ganzen Generation, die weniger virtuelle Kommunikation als vielmehr menschliche Begegnung braucht.

Ein Vakuum, dass die Industrie gewinnbringend zu nutzen weiß: Vorbei sind die Zeiten der unpersönlichen Handys. Für mehr persönliche Ansprache sorgen Buddys d. h. digitale Wesen, die allerlei sinnvolle Dinge erledigen wie z. B. Zugverbindungen heraussuchen. Die guten Geister verfügen über eine sogenannte emotionale Intelligenz: Sie können lachen, traurig und auch muffelig sein, je nachdem, wie sie behandelt werden. Sie reagieren auf ihre Umgebung mit vielen unterschiedlichen Wesenszuständen – von ausgelassener Freude bis hin zum Wutanfall. Sie lernen ständig hinzu und entwickeln allmählich ihre eigene Persönlichkeit. „Die Wahrscheinlichkeit, dass einer dem anderen gleicht, ist eine Million Mal geringer als die Chance auf eineiige Drillinge", sagt Andreas Höss, der Vater dieser guten Geister, die er in seiner Firma in Potsdam/ Babelsberg kreierte. Dabei erfüllte er sich den alten Kindheitstraum mit dem Teddy oder der Puppe kommunizieren zu können.

Diesen Traum nach ständigem Gefragt- und Wichtigsein scheinen viele Kinder auch in ihrer SMS-Sucht auszuleben. Für das Jahr 2002 meldete das Wirtschaftsinstitut IW allein in Deutschland 14 Milliarden SMS-Botschaften, wobei die Altersgruppe der 12- bis 25-jährigen überwiegt! In Skandinavien, wo das Handy zur Grundausstattung gehört, ist der SMS-Entzug längst zum Tagesgeschäft vieler Kliniken geworden.

Wie gut sich die Sehnsucht nach Emotionen vermarkten lässt, zeigt die zweite Generation der Tamagotchis aus Tokyo. Jetzt brauchen diese Plastikwesen nicht nur die Aufmerksamkeit ihrer Besitzer, sondern auch die Liebe von Artgenossen, also eines zweiten Tamagotchis. Diese beiden können dann heiraten und virtuellen Nachwuchs in die Welt setzen.

Es gibt Kinder, die in ihrer Kindheit so wenig Zärtlichkeit und Liebe erhalten, dass sie sich von Menschen verraten fühlen. Sie errichten innere Schutzmauern, um nicht mehr enttäuscht, gekränkt und verletzt zu werden. Mit diesem *Gefühlspanzer* suchen sie die verlockende und scheinbar unkomplizierte Bindung zu ihren Bildschirm-Freunden (Fernseher, Gameboy, Playstation, Computer usw.). Sie verdrängen Isolation und Langeweile, kompensieren Stress und Einsamkeit, verschaffen Erfolg und Kick. Die Psychologin Jirina Prekop[8] erläutert, wie schnell Kinder dabei in einen Teufelskreis geraten: „Je mehr sich der Mensch der Realität der Mitmenschlichkeit entzieht, umso mehr sucht er das Scheinbare. Und je mehr er im Scheinbaren seine Scheinidentität sucht, desto mehr entfernt er sich von der Realität der Mitmenschlichkeit." Dazu bemerkte Woody Allen treffend: „Das Schlimmste am Fernsehen ist, dass es von der Einsamkeit ablenkt."

Ob die virtuelle Welt die kindliche Entwicklung gefährdet, ist wie so oft in der Erziehung eine Frage des richtigen Maßes und der Gegengewichte. Der Göttinger Pädagoge Karl Gebauer[9] meint: „Ich denke, dass Jugendliche mit einem guten Selbstbewusstsein keine Gefahr laufen, die Realtität mit der virtuellen Welt zu verwechseln. Nicht das Spiel an sich stellt die Gefahr dar. Sondern erst die doppelte Dosis: Wenn Jugendliche ohne Selbstbewusstsein, ohne emotionale Kompetenz und sichere Bindungen Gewaltspiele spielen, dann wird's gefährlich."
So – glauben zumindest die Experten – könnte der explosive Cocktail aus virtuellem Gewaltvorbild und realem Minderwertigkeitsgefühl beschaffen sein. Es erstaunt allerdings, dass nach dem Amoklauf an einem Erfurter Gynasium ganz Deutschland ratlos vor dem angeblich Unverständlichen stand, aber bis heute keine Studie in Auftrag gegeben wurde, die danach fragt *Was passiert mit Jugendlichen, die sich vorwiegend in virtuellen Welten aufhalten?*

Vom Schwinden der Vorbilder

Aber was nutzt das Wehklagen über die Erfurter Tat, reden wir über die Gesellschaft, die wir Erwachsene gestalten und in der unsere Kinder aufwachsen. Denn schließlich geht jedem Amoklauf die emotionale Kälte und der soziale Tod voraus. Schon lange warnen Experten vor dem Laisser- faire-Stil und der „anything goes"-Haltung, die Kindern zu wenig Orientierung und verlässliche Werte bieten. Ein gesellschafticher Konsens herrscht allerdings in den Forderungen an die neue Generation: Leistung, Karriere und Geld! Nicht erst nach der PISA-Studie droht ein neuer Leistungswahn, eine fieberhafte Jagd nach Privilegien, ein selbstverständlicher Narzissmus und eine hysterische Abstiegsangst, die alle Erfolgsprediger um den Schlaf bringt. Auch wenn's unangenehm ist, so müssen wir uns bei der Charakterisierung der neuen Kindheit einige Fragen gefallen lassen:

Was leben wir unseren Kindern in Wirtschaft, Politik und Gesellschaft vor? Sind sie nicht auch Opfer unserer Ellbogengesellschaft, die Skrupellosigkeit, Egoismus und Gefühlskälte nach dem Motto *„Das ist dein Problem"* erst salonfähig gemacht hat? Der Maßstab der globalisierten Wirtschaft ist Profit; all ihr Trachten zielt auf Erfolg und Macht. Aber wenn in der freien Wirtschaft der Ellbogen siegt und privat die ausgestreckte Hand erwünscht ist, dann stecken wir im Zwiespalt: Morgens verlassen wir die Wohnung in Raubritterkleidung und abends streifen wir den Bademantel der sanften Eltern über. Mal ehrlich, wie authentisch sind wir da noch in unserer Erzieherrolle? Solange die Wirtschaftskriminalität in Deutschland eine Zuwachsrate von 80% hat, solange Unternehmen vor lauter Hörigkeit zum globalen Markt ihre kommunale Verantwortung vergessen, solange Politiker Korruptionsgelder als peanuts bezeichnen und dennoch von uns wiedergewählt werden, solange ist es nicht weit her mit unserem moralischen Vorbild.

Kein Wunder, dass unser Kraftfutter gegen soziale Verantwortungslosigkeit und emotionale Kälte eher mager ausfällt. Die meisten verhaltensauffälligen Kinder, alkohol- und drogensüchtigen Jugendlichen haben eines gemeinsam: Ihnen fehlt etwas, was jeder Mensch braucht, um sein Leben ausgeglichen zu meistern: Strategien der Problemlösung. Stattdessen ersticken die kids ihre Probleme in Bonbons, Spielsachen und Geldscheinen. Dass sie dabei immer einsamer werden und nach menschlicher Wärme lechzen, dies weiß die Industrie mit ihrem ausgetüftelten Konsumangebot geschickt zu nutzen.

Das Gefühlsangebot der vielen Ein-Eltern-Familien, der doppelbelasteten Alleinerziehenden wirkt dagegen kümmerlich und karg. Aber auch in Zwei-Eltern-Familien regiert oft das Motto *„Jeder tut das, worauf er gerade Lust hat"*. So sitzen zum Beispiel nach einer Studie der GfK-Fernsehforschung mehr als die Hälfte aller Verheirateten getrennt vor der Röhre. Wenn sich ein Paar schon nicht auf ein Fernsehprogramm einigen kann, wie will es dann seinen Kindern Vorbild für friedliche Konsensfindung sein?

Doch es kommt noch ärger: Die Studie *Kinderwelten 2002* [10] offenbarte *„Kinder haben keine Eltern mehr!"* Im Auftrag des Kindersenders Super RTL wurden ca. 1.000 Kinder zwischen 6 bis 13 Jahren und jeweils ein Elternteil zu ihrem Verhältnis befragt. Erschreckendes kam

zutage: Fast einem Fünftel der Eltern sind ihre Kinder völlig egal! 12% erwiesen sich als wenig familiär und 34% stuften ihre Rolle immerhin als Aufpasser oder Behüter ein.
Aber auch die Schule lässt zu wünschen übrig. So stellte das *LBS-Kinderbarometer*, das alle fünf Jahre die Wünsche und Ängste von Kindern in NRW untersucht, fest, dass 42,5% der befragten Kinder auf den Schulstress mit Kopf- und Bauchschmerzen reagieren. Eine Studie in über 43 Schulen in Schleswig-Holstein ermittelte, dass jeder zehnte Schüler unter Mobbing leidet. Aber nur jeder dritte Lehrer sei bereit, – obwohl er weiß, dass seine Schüler leiden – mit ihnen darüber zu sprechen! Der Hamburger Erziehungswissenschaftler Prof. Dr. Peter Struck[11] mahnt: „Das ist ein Spiegelbild der aktuellen Schulmisere: Zeit ist nur für Unterricht vorgesehen, aber nicht für die individuelle Not einzelner Schüler und ihrer Familien."
Wir Erwachsene sollten nicht vergessen, dass wir alle Veranstalter und Regisseure der *Neuen Kindheit* sind: Wer produziert Gewaltvideos, wer erfindet sprechende Kuscheltiere, wer lässt Kinder stundenlang allein fernsehen, wer lässt Mobbing in Schulklassen zu ...?

Auf der Suche nach Identität

Immer mehr Kinder beziehen ihre Identität aus der Interaktion mit den Medien. Fernab vom realen Leben stattet sie die virtuelle Welt mit der ersehnten Omnipotenz aus und schenkt ihnen Beachtung. Per Knopfdruck erwerben sie rasch und mühelos ihre ideale Identität, die ihnen das reale Leben verwehrt. Soziologen[12] sprechen inzwischen von *Patchwork-Identitäten*, in denen nebeneinander stehende Selbstkonzepte die Lebensentwürfe prägen. Kinder und Jugendliche zappen sich je nach Bedarf und Lebenssituation in verschiedene Rollen und verkleiden ihr Ich. In dieser künstlichen Identität verbringen sie oftmals mehr Zeit als in ihrer realen. Viele Psychologen und Soziologen warnen angesichts der Zunahme an hyperaktiven Kindern, Autisten, verwöhnten und lebensuntüchtigen Egoisten und narzisstischen Singles vor einer globalen Identitätskrise. Der Münchner Sozialpsychologe Heiner Keupp[13] beschreibt sie als ein Gefühl des *Entbettet-Seins* der Personen, als Vielfalt der Lebensformen und individualisierte Sinnsuche, die Heranwachsende vor neue Herausforderungen stellt. Waren sie gestern noch dazu verdammt in einer engen Lebenswelt mit festen Werten und Normen zu leben, so werden sie heute von individuellen Wertesystemen geradezu überrollt. Die Verbindlichkeit ist gewichen und nicht selten tritt an ihre Stelle die Beliebigkeit, die Ambivalenz der postmodernen Identität.

Der Konsens über gesellschaftliche Werte wird immer geringer; allgemein gültige Erziehungsziele sind verpönt und während wir Erwachsene so dahin lavieren, befindet sich die Neue Kindheit längst auf der Suche nach neuen Maßstäben, Aufmerksamkeit und emotionaler Zuwendung. Ein gefundenes Fressen für Rattenfänger, denn: „Jede Sucht beginnt als Sehnsucht in der Kindheit."[14]
Immer mehr Jugendliche sind süchtig nach dem thrill, dem emotionalen highlight, nach Castings, Shows und Starrummel, in denen sie endlich wahrgenommen werden, so glauben sie zumindest.
Die individuelle Sinnsuche erfordert von den Kindern und Jugendlichen ein hohes Maß an Eigenverantwortlichkeit, dem sie meist nicht gewachsen sind. In einer Gesellschaft, in der der Wert des Menschen schon im Elternhaus nach der vermeintlichen Leistungsfähigkeit taxiert wird, droht die Seele zu verdursten.

Verdurstet die kindliche Seele?

Diese Frage können am besten – da war ich mir sicher – kompetente Erzieher aus ihrer langjährigen Praxis heraus beantworten. So stellte ich auf meinen Seminarreisen durch ganz Deutschland immer wieder eine Frage: „Wie hat sich Ihrer Meinung nach die emotional-soziale Kompetenz der Kinder in den letzten zehn Jahren verändert?"

Im Jahr 1999 antworteten Erzieher aus Nordrhein-Westfalen sinngemäß:

Die Kinder ...

- werden immer häufiger mit schwerwiegenden Familienproblemen (Arbeitslosigkeit, Scheidung usw.) belastet.
- haben immer weniger Respekt vor Erwachsenen. Sie beschimpfen, treten und schlagen ihre Eltern, die dies oft lächelnd hinnehmen.
- können sich kaum noch selbst beschäftigen. Sie brauchen vorgefertige Schablonen und erwarten ein Programm nach dem Motto *„Was machen wir jetzt?"*
- verlangen immer mehr nach Konsum- und Markenartikeln. Diese erhalten sie neuerdings jederzeit und nicht mehr wie früher zu bestimmten Anlässen.
- kennen wenig Geduld und Vorfreude. Sie fordern die sofortige Erfüllung ihrer spontanen Wünsche.

- sind fauler geworden; gerne lassen sie sich wie kleine Prinzen von Erwachsenen den Po abwischen oder die Schuhriemen binden. Diese Hilfe zur Unselbstständigkeit verwechseln leider viele Eltern mit Liebe.
- haben keine Zeit mehr, Kind zu sein. Ihre Kindheit ist im Terminkalender verplant, Langeweile ist verpönt, obwohl sie der Quell von Kreativität ist.
- sind selten bereit, aufmerksam zuzuhören. Ihre Sprachgewohnheiten sind schlecht: Halbe Sätze, Schimpfworte, wenig Dialog- und Erzählfähigkeit.

Im Jahr 2002 antworteten Erzieher aus dem Landkreis Rosenheim (Bayern) sinngemäß:
Die Kinder ...

- sind unsicherer im Umgang mit ihren Gefühlen und egoistischer geworden.
- spiegeln unsere *Ich will aber-Gesellschaft* wider.
- sind nicht mehr in der Lage ihre Emotionen angemessen zu steuern. Sie reagieren entweder sehr aggressiv oder übersensibel. Die Fähigkeit, Gefühle differenziert auszudrücken verkümmert zusehends.
- entwickeln sich immer mehr zu Individualisten. Es fällt ihnen schwerer, sich in andere Kinder hinein zu versetzen.
- haben mit Erwartungen von außen zunehmend Schwierigkeiten.
- erwarten ständige Reaktion und Beachtung. Wie es den anderen geht, ist ihnen oft egal!
- schätzen das Alleinsein; das Miteinander fällt ihnen immer schwerer.

Aber Vorsicht vor Schwarzmalerei! Meine Erfahrung in den vielen Seminaren zeigt, dass uns das Negative der Neuen Kindheit stärker auffällt. Das Positive droht dagegen als Selbstverständlichkeit unterzugehen, und so mancher *Miesepeter* kam ins Grübeln, als ich ihm sagte: „Wenn Sie an einer neuen Generation nur noch Schlechtes entdecken, dann ist dies ein Zeichen dafür, dass Sie alt geworden sind! Schon immer vertraten die Alten die Ansicht: Früher war alles besser! Jede abtretende Generation ist mit der nachwachsenden unzufrieden. Schon Platon klagte über die immer schlimmerwerdende Jugend. Aber eine Generation kann nicht nur schlecht sein; sie ist immer auch kreativ und visionär. Was nutzt das Wehklagen, schauen wir uns doch die positive Seite der Medaille an!"

Nach dieser Diskussion über den persönlichen Blickwinkel auf die *Neue Kindheit* fielen die Meinungen der Erzieher wesentlich positiver und differenzierter aus.

Im Jahr 2003 antworteten Erzieher aus Köln, Bonn, Düsseldorf und Bielefeld sinngemäß

Die Kinder ...

- haben sehr impulsive Gefühle. Sie wünschen sich ein Gegenüber, das sie wahrnimmt, ihnen zuhört, seine Meinung anbietet, offen ist für ihre Bedürfnisse.
- leben heute ihre Gefühle freier aus und können diese besser in Worte fassen. Sie gehen selbstbewusst und offen durchs Leben.
- sind heute selbstständiger und entscheidungsfähiger als früher. Wir erleben sie aber auch ruhe- und orientierungslos.
- viele Kinder sind starke kleine Persönlichkeiten mit einem ausgeprägten Ich-Gefühl. Aber es fehlen ihnen stabile Werte und soziale Normen.

Eines ist gewiss: Die Atmosphäre in Kindergärten ist angespannter denn je. Schnell können Gefühle hochkochen und sich in körperlicher Gewalt entladen. Das individuelle Lustprinzip nimmt Überhand, Anweisungen der Erzieher, die früher schweigend befolgt wurden, müssen heute mit jedem Einzelnen diskutiert werden. Der Satz *Ich habe aber keine Lust* fordert immer wieder von neuem die Überzeugungskraft der Erzieher heraus.
Unbestreitbar ist aber auch: Noch nie waren Kinder so selbstbewusst, sagten sie so offen ihre Meinung und engagierten sich so vehement für Gerechtigkeit wie heute.
Auch wenn es genügend Anlass gibt, sich um das emotionale Befinden der Neuen Kindheit zu sorgen, so gibt es immerhin Licht am Ende des Tunnels: Die Schüler in NRW sind führend, wenn es um die Mitmenschlichkeit geht. Der Länderbericht der Pisa-Studie[15] gibt ihnen die Bestnote für soziales Verhalten. In keinem anderen Bundesland sind die Kinder so sehr bereit, für sich und für ihre Mitmenschen Verantwortung zu übernehmen.

Was Pädagogen beherzigen sollten

- Immer wenn die Werbung Ihnen vorgaukelt *„Wenn du dein Kind liebst, dann kauf ihm ...!"* dann denken Sie daran, dass Berge von Besitztümern (Spielzeug, Handy, Computer usw.) kein Kind auf Dauer im tiefsten Innern seiner Seele glücklich machen. Wenn Sie mal das schlechte Gewissen plagt, dass Sie zu wenig für das Kind da sind, dann hilft kein großer Kaufrausch sondern nur ihre Präsenz als liebevolles und verständnisvolles Wesen.
- Denken Sie daran, im Unterricht spielt der Stoff zwar eine wichtige Rolle aber nicht immer die wichtigste! Schließlich stehen der objektiven Wissensvermittlung die berechtigten subjektiven Bedürfnisse der Schüler gegenüber.

- Im Wettkampf mit den *virtuellen Erziehungsagenten* wie Fernsehen oder Computer müssen wir Pädagogen mehr denn je den Respekt vor der Würde des Menschen, die Fähigkeit zur Empathie und die persönliche Begegnung fördern. Wir können uns nicht länger hinter den Strategien der Wissensvermittlung verschanzen und in Sachen Herzensbildung ein *ungenügend* abliefern, während die Kinder orientierungslos nach starken Vorbildern suchen.

Kapitel 2

Gefühle kommen von Herzen

Kleine Kultur- und Medizingeschichte

Nicht im Kopf sondern im Herzen liegt der Anfang.
Maxim Gorki

Kein anderes Organ des Menschen ist im Laufe der Kultur- und Medizingeschichte mit so vielen Mythen und Geschichten bedacht worden wie das Herz.
So vertrat in der **griechischen Antike** der Philosoph Aristoteles (384 – 322 v. Chr.) die Lehre, das Herz sei der Sitz der Seele[16] und kam damit dem späteren Glauben der Christen sehr nahe. Im Herzen des Mannes würde gar das Sperma gebildet, das sich im Mutterleib zu einem neuen Herzen entwickle und aus dem heraus ein neuer Mensch entstünde. Dem Gehirn maß Aristoteles dagegen nur die Bedeutung eines Kühlapparats mit vielen Windungen zu. Ein Jahrhundert später verkündete der griechische Vater der Heilkunde Hippokrates (460 – 377 v. Chr.), der Mensch denke nicht mit dem Herzen sondern mit dem Gehirn. Eine These, die sich erst im 2. Jahrhundert n. Chr. dank des **römischen** Arzt Galenos (129 – 199) durchsetzte.

Aber leider gibt es keinen wissenschaftlichen Fortschritt ohne Rückschritt: Im **Mittelalter** dominierte wieder die alte aristotelische Theorie vom Herzen als Sitz der Gefühle.

Im **alten Ägypten** dagegen sah man das Herz vor allem als Denk-Organ an, als Sitz der Vernunft und des Gedächtnisses. Ein herzloser Mensch galt als ein verstandesarmer Mensch. Wenn ein ägyptischer Lehrer seinen Schüler zum Auswendiglernen aufforderte, so sagte er: *Gib die Schriften in dein Herz.* Also *learn by heart* wie es bis heute im Englischen heißt. Die wichtigste Rolle spielte das Herz bei den Ägyptern erst im Jenseits[17], denn sie stellten sich das Herz als ein Gefäß vor, in dem sich im Laufe des Lebens die Sünden ansammelten. Da das Herz beim Totengericht auf einer Waage gegen die Gerechtigkeit aufgewogen wurde, war ein leichtes also sündenfreies Herz erstrebenswert. *Mein Herz ist schwer* ist uns heute noch eine geläufige Redewendung. Bei der Mumifizierung beließen die Ägypter das für sie so bedeutsame Organ im Körper oder setzten ein nachgeahmtes Herz ein. Auch fürchteten sie, dass das Herz in der Unterwelt gestohlen werden oder vor dem Göttergericht scheitern könne. Man vermutet, dass daher viele ägyptische Mumien zum Schutz ein Herzskarabäus in der Brust haben. Unter den sieben Seelen, die jeder Ägypter besaß, gab es die sogenannte Herz-Seele, die das Kind von der Mutter erbte. Denn das Leben des Kindes entstünde – so glaubten die Ägypter – wenn das Menstruationsblut vom Herzen der Mutter in ihren Unterleib hinabfließe. Dieser ägyptische Mythos – vom Mutterherz als Quelle des Lebens – lebt bis heute in vielen Redewendungen weiter: Von einer Schwangeren sagen wir, sie trüge ihr Kind *unter dem Herzen* ; so manche Mutter sieht ihr Kind als *mein Herzblut* an.

In Altmexiko entwickelte sich aus kultischen Tierherzopfern die spätere Massentötung von Kriegsgefangenen und Sklaven bei den **Azteken**. Das in sakraler Feier lebendig ausgerissene (!) menschliche Herz opferten sie ihrem Gott, der Sonne. Denn sie glaubten, dass die Sonne während ihrer Reise durch das All ihre Kraft verlöre und zum Skelett abgemagert dringend frisches Blut brauche, um am Leben zu bleiben. „Die Götter hungern!", so trieben die Priester ihre Krieger an, das Herzblut der Gefangenen träuften sie auf die Lippen ihrer Kultstatuen.

Der blutige Brauch, den Gegnern das Herz aus dem Leib zu reißen und es zu verspeisen, war in vielen Kulturen weit verbreitet, in **Afrika** sogar bis ins letzte Jahrhundert. So zermahlten z.B. die Priester vom Stamme der Yoruba die getrockneten Feindes-Herzen zu einem Pulver, das mit Rum getrunken Kraft verleihen sollte. Die Herzen der Weißen z.B. der Kolonialherren waren aufgrund ihrer Herz-Tugenden wie Kampfgeist und Klugheit besonders begehrt.

Die Herzverspeisung war nicht nur im alten Mexiko oder in Afrika Sitte. In aller Welt stärkten sich Möchtegern-Helden mit den Herzen von Löwen, Bären oder Raubvögeln. In Italien verspeisten gar einige Blutrache übende Sippen bis ins späte 17. Jahrhundert die Herzen ihrer Opfer. Unter dem kriegerischen Adel des Mittelalters entstand die Sitte der Teilbestattungen von Weichteilen; so ließen sich die Leichen der Gefallenen bequemer überführen. Daraus entwickelte sich **vom Mittelalter bis ins 19. Jahrhundert** der Brauch, die Herzen der Toten an geheiligten Stätten aufzubewahren so z.B. in Val-de-Grace die Herzen der französischen Könige oder in Altötting die Herzen der bayerischen Herzöge. Die Herzen Kaiser Ferdinands III. und seiner Gemahlin wurden auf deren Geheiß nach dem Tod in Metall-Kapseln an die Wand des Grazer Domes gekettet – als Symbol der Verbundenheit mit Gott. Die Habsburger ließen von 1657 bis 1878 sämtliche Herzen der königlichen Familie in der Herz-Gruft der Wiener Augustinerkirche beisetzen. Seit der hochmittelalterlichen Mystik entwickelte sich eine christliche Herzsymbolik: Das Herz Jesu[18] als Sinnbild seiner Liebe zum Menschen. Erst 1765 gab der Klerus diesem Kult in Frankreich seinen Segen und überall in der katholischen Welt wurden Herz-Jesu-Kirchen errichtet. Auch im profanen Bereich entwickelte sich eine Herzsymbolik von Amuletten bis hin zu Festtagsgebäcken in Herzform.
Einen strengen Leib-Seele-Dualismus lehrte der führende Philosoph des 17. Jahrhunderts Réné Descartes (1596 – 1650). Er hielt Gefühle in der Herzgegend für bloße Täuschung. Stattdessen vermutete er den Sitz der Seele in der Zirbeldrüse (Epiphyse), einem haselnussgroßen Anhang am Zwischenhirn.

Eine wahre *Herzensblüte* erlebte die deutsche Literatur in der **Sturm und Drang Epoche**[19] (1765 – 1790). Empfindsamkeit wurde zum Kult; so verwendete der junge J. W. von Goethe (1749 – 1832) in seinen Werken ca.1000 verschiedene Wendungen für das Herz.
Ab Mitte des **19. Jahrhunderts** fiel das Herz immer mehr in die Zuständigkeit der Trivial-Literaten. Es wurde das meistbesungenste Organ in Schlagern (*Dein ist mein ganzes Herz*), in Volks- und Kinderlieder. Bis heute steht es im Mittelpunkt vieler Märchen (*Prinz Eisenherz* oder *Das kalte Herz von Wilhelm Hauff*[20]) und Redewendungen:

- das Herz am rechten Fleck haben
- etwas nicht übers Herz bringen
- jemanden in sein Herz schließen
- etwas auf dem Herzen haben

Die **Medizingeschichte** des Herzens hat ihre frühesten Wurzeln in den tradionellen Heilmethoden Asiens. Die ältesten und heiligsten Schriften **Indiens** – die Veden – lehren, dass der Herr des Alls im Herzen wohne. Der Begriff *Vedas* (Plural: *Veden*) bedeutet Wissen als das gemeinsame Erbe der Menschheit seit Schöpfungsbeginn. Ayurveda ist ein Teil dieser Wissenschaft und bezieht sich auf das Wissen vom Erhalt des Lebens und der Gesundheit.
Aus der alten spirituellen Tradition Indiens stammt die Vorstellung vom *Herzchakra* als eines von sieben Haupt- und unzähligen Nebenchakren. Das Sanskrit-Wort für Herzchakra lautet *Karuna*, was Mitgefühl und Verständnis bedeutet. Nach den östlichen Weisheitslehren ist das Herz der Sitz des Bewusstseins, das sowohl die körperlichen als auch die geistigen Funktionen steuert und uns mit dem Universum verbindet.

Wissenswertes zur tradionellen indischen Medizin
Antike indische Schriften lehren, dass die Chakren Energiezentren sind, die auf die zelluläre Struktur des Körpers wirken. Jedes Hauptchakra soll mit einer bestimmten Drüse des endokrinen Systems verbunden sein und somit die hormonellen Vorgänge im Körper beeinflussen. Die Chakren bilden mittels feinstofflicher Kanäle ein Netz (Nadis) im ganzen Körper. Das Herzchakra verbindet die drei unteren mit den drei oberen Chakren. Träume aus diesem Bereich sollen die Entwicklung von Liebe, Mitgefühl und Verständnis fördern.

Auch die **chinesische Medizin** lehrt, dass Geist und Herz eine Einheit bilden. Das Herz wird hier als Sitz des Bewusstseins und der Gefühle angesehen. In einer 100 v. Chr. erschienenen chinesischen Gesundheitsschrift[21] heißt es: „Das Herz ist der Monarch, es regiert den Geist". Interessant ist auch, dass die chinesischen Schriftzeichen für „denken" (xiang und si) auf dem Schriftzeichen[22] für „Herz" (xin) basieren.

Wissenswertes zur traditionellen chinesischen Medizin[23]
Sie ist Teil der großen philosophischen Richtungen Taoismus und Konfuzianismus. Beide Lehren definieren den Zustand von Glück als die absolute Harmonie zwischen Mensch und Natur. Der Körper ist ein zusammenhängendes System, in dem alle Körperteile und Organe durch Energiebahnen (*Yin* und *Yang*) miteinander verbunden sind. Ein Organ wird demnach nicht einzeln betrachtet, sondern immer in seinem Funktions- und Wirkungskreis. Gesund ist ein Mensch dann, wenn sich alle seine Energien im Gleichgewicht befinden. Erst in der vollkommenen Harmonie von *Yin* und *Yang* – als entgegengesetzte und sich ergänzende Prinzipien – kann die Lebensenergie *Qi* fließen und somit die Gesundheit des Menschen gewährleisten.

Die großen Fragen der **europäischen Medizingeschichte** *Wo sitzt unser Herz?, Welche Funktion hat es?, Wie arbeitet es?* konnten erst beantwortet werden, als das Sezieren von Leichen entmystifiziert und erlaubt war. Die Geschichte der Anatomie zeigt den langen steinigen Weg bis dahin auf.

Wissenswertes zur Geschichte der Anatomie
Die Griechen scheuten sich vor der Innenwelt des Körpers. Erst die hellinistischen Gelehrten zeigten Interesse an der menschlichen Anatomie. Aber mit den Römern kam der Rückschritt: Jede nicht kultische Handlung an einem Leichnam wurde nun als gefährliche Magie schwer bestraft. Selbst Galenos (129 – 199), der bedeutendste Mediziner der römischen Kaiserzeit und Leibarzt Marc Aurels bezog seine Erkenntnisse nur aus der Tieranatomie. Auch das frühe Christentum lehnte die Anatomie ab, denn der menschliche Körper sollte in seiner von Gott gewollten harmonischen Ganzheit nicht angetastet wer-

den. Erst um 1240 verfügte Friedrich II. von Hohenstauffen eine anatomische Ausbildung für alle Ärzte. Die Kirche genehmigte unter Papst Sixtus IV erst Ende des 15. Jahrhunderts die Anatomie. In dieser Zeit machte auch das Universalgenie Leonardo da Vinci (1452 - 1519) seine anatomischen Studien[25] des menschlichen Körpers. Erst der belgische Mediziner Andreas Vesalius (1515 - 1564)[26] verhalf durch sein mutiges Sezieren von Leichen den naturwissenschaftlichen Tatsachen zum endgültigen Durchbruch.

Über viele Jahrhunderte glaubte die gelehrte Welt, dass das Blut in der Leber laufend neu gebildet, zu den Organen fließe und dort restlos verbraucht würde. Das Herz hingegen enthielte – so glaubten die damaligen Schulmediziner – nur wenig Blut, dafür viel Luft. Erst im Jahre 1628 kam die Wahrheit ans Tageslicht. Der englische Anatom William Harvey (1578 – 1657), Leibarzt von König Karl I, brachte das Lehrgebäude aller medizinischen Hochschulen Europas zum Einsturz. Er erkannte, dass das Blut im Körper im Kreise fließt und das Herz für seinen Transport sorgt. Er war zum Entdecker des Blutkreislaufes[24] und der wahren Funktion des Herzens geworden. Schritt für Schritt eroberten nun die Mediziner das Herz:

- 1669 erkannte der Wissenschaftler Richard Lomer, dass es als Muskel das Blut durch den Körper pumpt.
- 1707 legte der Italiener Giovanni Maria Lancisi die erste Arbeit über Herzkrankheiten vor.
- 1819 erfand der Franzose René T. H. Laennec – der Leibarzt von Napoleon I. – das Stethoskop mit dem1826 erstmals Herztöne abgehört werden konnten.
- 1967 gelang dem südafrikanischen Chirurg Christiaan Barnard die erste Transplantation eines menschlichen Herzens.

Was wir heute dank des enormen medizinischen Fortschritts über das Herz wissen, klingt im Vergleich zur spannenden Kultur- und Medizingeschichte vergangener Zeiten wesentlich nüchterner.

Das Herz:

- liegt nicht links, sondern zentral in unserem Brustkorb unmittelbar hinter dem Brustbein zwischen dem linken und rechten Lungenflügel.
- ist faustgroß und wiegt ca. 450 g; bei Sportlern, z. B. Radfahrern, bis zu 800 g.

- schlägt als Hohlmuskel in 70 Jahren drei Milliarden Mal und befördert dabei bis zu 250 Millionen Liter Blut!
- erzeugt 40- bis 60mal mehr elektrische Energie als das Gehirn. Der Herzschlag erreicht als elektrisches Signal jede Körperzelle.
- von Kindern pulsiert schneller als von Erwachsenen; Neugeborene haben einen Puls von ca. 140; Jugendliche von ca. 80; alte Menschen von ca. 76.
- tauscht sich mit dem Gehirn über ein komplexes Nervennetzwerk, das Botenstoffe (Neurotransmitter) und Proteine entsendet, ständig aus.
- produziert im Vorhofbereich das Hormon ANF (atrial natriuretischer Faktor), das bei starken Emotionen wie Liebe und Wut auf jedes Organ einwirkt.
- des Blauwals ist mit 600 Kilogramm das schwerste, es macht 0,44 % seines Körpergewichts aus. Das Herz des Kolibris wiegt nur 90 Milligramm, aber es macht 2,4 % seines Körpergewichts aus! Der kleine Vogel hat verhältnismäßig die größte Last mit seinem Herzen!

Unser Herz ist jedoch weit mehr als eine simple Pumpe. Es ist das zentrale Kraftwerk unseres Körpers. Es verfügt über ein komplexes, selbstorganisiertes Informationssystem, das ständig neuronale, hormonelle und rhythmische Botschaften ans Gehirn sendet und das Herzspezialisten daher als *Herzgehirn* bezeichnen.

Kapitel 3

Emotionen entstehen im Gehirn

Neues aus der Hirnforschung

Die Menschheit leidet nicht an einem Defekt ihrer logischen Kompetenz,
sondern vielmehr an einem Defekt ihrer Emotionen,
die wichtige Informationen für den logischen Prozess bereitstellen.
Antonio R. Damasio

Das Gehirn ist Sitz der seelischen Empfindungen! Dies behauptete als erster der griechische Arzt Hippokrates im fünften Jahrhundert v. Chr. Eine These, die sich erst Ende des 18. Jahrhunderts mit dem Anatom Franz Joseph Gall (1758 – 1828) durchsetzte.
Heute gilt nicht mehr das Herz als Motor unserer Emotionen sondern das Gehirn. Klingt ernüchternd, oder? Der renommierte Hirnforscher Antonio R. Damasio[27] (University of Iowa) weiß uns zu trösten: „Gefühl und Empfinden verlieren nichts von ihrem wunderbaren oder schrecklichen Charakter, büßen nichts von ihrer Bedeutung für Dichtkunst und Musik ein, wenn wir sie als konkret, kognitiv und neuronal definieren. Wenn wir die biologischen Mechanismen verstehen, die Gefühlen und Empfindungen zugrunde liegen, heißt das keinesfalls, dass wir auf eine romantische Sicht ihrer Bedeutung für den Menschen verzichten müssen."

Gehirn und Emotionen haben sich im Laufe der Evolution im Gleichschritt entwickelt: Je fortgeschrittener und komplizierter die Hirnentwicklung, umso vielfältiger und differenzierter wurden die Emotionen. Aber wie sind die neuronalen Prozesse beschaffen, dank derer wir Gefühle empfinden?
Der Neurologe Paul McLean[28] vertrat die These, das Gehirn habe sich im Laufe der Evolution in einem Dreischritt weiterentwickelt:

- Die älteste Schicht, das im Hirnstamm lokalisierte Reptiliengehirn, reagiert instinktiv. Es steuert automatisch unsere Lebensfunktionen wie Atmung, Herzschlag und Körpertemperatur.
- Darüber liegt das limbische System, das Zentrum der emotialen Verarbeitung. Es aktiviert unsere Gefühle.
- Den entwicklungsgeschichtlich jüngsten Teil bildet die Rinde des Gehirns (Neokortex). Sie umschließt den Hirnstamm und das limbische System und ist in zwei Hirnhälften geteilt. Hier sitzen unsere motorischen, sensorischen und geistigen Fähigkeiten.

Jetzt wissen wir, wo unsere Emotionen verarbeitet werden, oder? Vorsicht, denn „auf das Rätsel, das uns Gehirn und Geist aufgeben, lässt sich nicht eine einfache Antwort finden, sondern nur eine Vielzahl von Antworten, die in den unzähligen Teilelementen auf den vielen Strukturebenen des Nervensystems verschlüsselt sind."[29]
Dieses Dreistufenmodell mag für die Entstehungsgeschichte des Gehirns zutreffen; unbestritten ist auch Paul Mc Lean's 1952 aufgestellte These, wonach das limbische System unsere Gefühle maßgeblich steuere. Aber die Annahme, im Gehirn gäbe es klar umrissene Regionen

– wie auf einer Landkarte – die klar definierte Funktionen beherbergen, wäre zu einfach um wahr zu sein. So nahm der französische Philosoph René Descartes (1596 – 1650)[30] noch an, dass es irgendwo im Gehirn ein Zentrum geben müsse, das alle Informationen sammelt und ihre Interpretationen vereinheitlicht – sozusagen eine vernunftorientierte Schaltzentrale. Heute gehen viele Hirnforscher[31] davon aus, dass unser Gehirn als distributiv organisiertes Netzwerk arbeitet. Alle Hirnregionen stehen also in ständiger Wechselwirkung miteinander.

In den letzten Jahrzehnten hat die Erforschung der *Anatomie der Emotionen* große Fortschritte erzielt und dies dank der Computerentwicklung. Denn jetzt vermochte die Hirnforschung neuronale Wechselwirkungen in der Großhirnrinde zu ordnen, Verarbeitungsprinzipien aufzudecken und Simulationsexperimente durchzuführen. So sagt der Direktor des Max-Planck-Instituts für Hirnforschung in Frankfurt a. M., Prof. Dr. Wolf Singer[32]: „Ich übertreibe nicht, wenn ich behaupte, daß ohne diese Rechenknechte der Versuch aussichtslos geblieben wäre, die neuronalen Grundlagen höherer Hirnleistungen aufzuklären."
Heute beruht der Wissenstransfer auf Gegenseitigkeit, die Computerexperten lernen von den Hirnforschern und umgekehrt. Ohne Computertechnologie könnten wir nicht sehen, welche Hirnregionen aktiviert werden, wenn Versuchspersonen z. B. Sätze formulieren oder Angst empfinden.
Wir befinden uns gegenwärtig in der Dekade des Gehirns und das eigentliche Abenteuer beginnt gerade erst. Denn „verglichen mit der Physik sind wir in der Gehirnforschung erst beim Stand *vor Galilei* angelangt."[33]
Folgende Erkenntnisse über unser *neuronales Gefühlssystem* gelten heute als gesichert:

Das limbische System

Das limbische System liegt eingebettet zwischen den Hälften des Großhirns und ist mit dessen Denkregionen fest verdrahtet. Es ist die maßgebliche Hirnregion für das Entstehen, Verarbeiten und Speichern von Gefühlen. Hier wird jede Erkenntnis und jedes Erlebnis mit Emotionen *eingefärbt*. Das limbische System teilt sich seine vielfältigen Aufgaben: Der untere Teil ist für den körperlichen Ausdruck der Gefühle und der obere Teil für die bewusste emotionale Erfahrung zuständig. Als *Gefühlszentrale* spielt es eine wichtige Rolle beim Lernen, denn Teile des limbischen Systems sind für Lern- und Gedächtnisvorgänge zuständig. Hier wird jede eingehende Neuigkeit überprüft: Ist sie wichtig, positiv, negativ oder wenigstens

witzig? Viele Informationen werden verworfen; gespeichert werden solche, an denen starke Gefühle gekoppelt sind. Wenn's ums Überleben geht, dann startet von hier aus unsere Kampf-Flucht-Reaktion. Bedroht uns z. B. ein Mensch, so empfinden wir Angst und schon schickt das limbische System den *Steckbrief* dieser angsteinflößenden Person ins Langzeitgedächtnis. Das limbische System steht in enger Beziehung zum vegetativen Nervensystem, das die Basis unserer körperbezogenen emotionalen Zustände bildet. Sein Nervengeflecht, das sich bis in die Brust-, Bauch- und Beckenregion zieht, stellt sozusagen die *Körperlichkeit* unserer Emotionen her. Geläufig ist uns das Sonnengeflecht (Solarplexus), das bei Angstzuständen die uns bekannte Magenbeklemmung verursacht.
Der lat. Begriff *limbus* bedeutet *Rand, Saum* und wurde deshalb gewählt, weil Teile des limbischen Systems an der Unterseite des Großhirns saum- bzw. ringförmig angeordnet sind. Zum limbischen System gehören **fünf Hirnbereiche**, die unser Gefühlsleben auf unterschiedliche Weise beeinflussen:

Der Thalamus
arbeitet als Relaisstation unserer sinnlichen Wahrnehmungen, der Geruchssinn ausgenommen. Hier werden die Empfindungen, die durch Berührung, Schmerz und Temperatur entstehen, interpretiert.

Der Hypothalamus
sorgt als Wächter in Notfällen dafür, dass der Geist den Körper beherrscht, um leistungs- und ausdauerfähig zu bleiben. Bei Schmerz, Wut und Aggression spielt er daher eine wichtige Rolle.

Der Hippokampus
ist der *Verarbeiter* und *Verfestiger* aller Informationen, die vom Thalamus und Hypothalamus eingehen. Diesen sensorischen Input leitet er je nach Bedeutung ans Kurz- oder ins Langzeitgedächtnis weiter. Er legt Gedächtnisspuren an und ist daher als Transferstelle im Lernprozess sehr wichtig.

Das Basalganglion
ist der *Steuerer* der feinmotorischen Abläufe unserer Gesichts- und Augenmuskeln. Diese brauchen wir, um unsere emotionalen Zustände anderen Menschen mitzuteilen.

Der Mandelkern[34]
besteht aus zwei kleinen mandelförmigen Ansammlungen von Neuronen, – je einen in jeder Hirnhälfte – die sich bereits in der 6. Schwangerschaftswoche ausbilden. Der Mandelkern spielt bei der Entstehung und Steuerung unserer Emotionen eine *multifunktionale* Rolle. Denn er verarbeitet eintreffende Daten, prüft ihren emotionalen Gehalt und macht uns auf Ereignisse aufmerksam, die unser Überleben gefährden. Er speichert lebenswichtige Emotionen wie Angst und löst unser Fluchtverhalten aus. Neue Studien belegen, dass Menschen mit Schädigungen im Mandelkern jegliche Angst und die Fähigkeit, den Gesichtsausdruck anderer zu deuten, verlieren.
Den Mandelkern beschäftigt vor allem eine Frage: *„Ist das etwas, das ich nicht mag, das mich kränkt oder vor dem ich mich fürchte?"* Lautet die Antwort ja, dann schickt er sofort eine Krisenbotschaft an alle Gehirnteile und beeinflusst somit stark den Lernprozess. Ein Beispiel: Ein Kind kann nur holprig vorlesen und wird dabei von seinen Mitschülern ausgelacht. Die dabei empfundene Beschämung wird vom Mandelkern als Strafe gewertet. Später als Erwachsener wird diese angstvoll verschlüsselte Erfahrung in einer vergleichbaren Situation immer wieder hochkommen. Diese langfristige Blockade kann vermieden werden, wenn das angstauslösende Ereignis mit einer erfolgreichen Erfahrung neutralisiert wird. Denn jedes Ereignis, das Angst verursacht, landet zunächst im Kurzzeitgedächtnis und erst später im Langzeitgedächtnis. Und in der Zeitspanne dazwischen liegt die Chance der Veränderung. Dies erklärt, warum z. B. Akrobaten und Turnierreiter nach einem Sturz so rasch wie möglich wieder auf das Hochseil oder ihr Pferd steigen, um dem angstbesetzten Erlebnis keine Zeit zum Einnisten ins Langzeitgedächtnis zu geben. Der pädagogische Appell *Versuch es nochmal!* ist also sehr wertvoll. Übrigens: Menschen mit Mandelkern-Verletzungen sind in ihrem emotionalen Repertoire stark gestört. Der Psychologe Daniel Goleman[35] berichtet von einer solchen Patientin: „Wenn ihr jemand eine Pistole an die Schläfe hält, wüsste sie zwar vom Verstand her, dass sie sich fürchten muss, aber sie empfände keine Todesangst wie die anderen."

Die Stirnlappen

Sie sind als jüngster Teil an den hohen Gehirnfunktionen wie Denken, Persönlichkeit und Charakter beteiligt. Ihre Leitungsbahnen zum limbischen System sind – verglichen mit anderen Kommunikationswegen im Hirn – nicht stark ausgeprägt. Vielleicht siegen deshalb so oft unsere Gefühle über unsere Vernunft. Verletzungen der Stirnlappen führen zu Störungen der

Wahrnehmung, der Aufmerksamkeit und der Emotionskontrolle. Bei emotionalem Stress fließt das Blut in die unterbewussten Überlebensbereiche des limbischen Systems und die Stirnlappen werden schlechter durchblutet. Dann fällt uns lösungsorientiertes Denken und Lernen schwerer.

Wissenswertes aus der Medizingeschichte

Erste Erkenntnisse über die **Bedeutung des Stirnlappens** für die Emotionskontrolle erhielten die Mediziner vom Ingenieur Phineas P. Gage. Er war ein 25-jähriger liebenswerter Mann bis zum 13. September 1848, dem Tag an dem er als Arbeiter einer Eisenbahnbaufirma im USA-Staat Vermont einen tragischen Unfall[36] erlitt. Als eine Sprengladung vorzeitig explodierte, bohrte sich eine Eisenstange durch seine Wange bis in sein Gehirn und schlug ein Loch durch die Stirndecke. Es war ein Wunder, dass Phineas P. Gage diese grauenhafte Verletzung überlebte. Allerdings wurden dabei die Verbindungsleitungen seines limbischen System zum Stirnlappen zerfetzt. Seitdem war er in seinem Gefühlsrepertoire ein anderer Mensch. Aus dem ehemals gutmütigen, kooperativen und ruhigen Mann wurde ein starrsinniger, unbeherrschter und rücksichtsloser Mensch, der sein emotionales Verhalten nicht mehr zu steuern vermochte. Er veränderte sein Verhalten derart, dass ihn die vertrauten Personen nicht mehr wiedererkannten. Auch verlor er die Fähigkeit, seine Zukunft als soziales Wesen zu planen. Er gab seinen Job als Eisenbahner auf und fristete als Rummelplatzattraktion ein einsames Dasein bis zu seinem Tod am 21. Mai 1861. Seinen Schädel und die Eisenstange bewahrt das Warren Medical Museum der Harvard Medical School in Boston auf. Heute wissen wir, dass die Eisenstange die Bereiche in seinem Frontalhirn zerstört hatte, die für die innere Repräsentation von Bewertungen zuständig sind.

Die Dominanz der Hirnhälften (Hemisphären)

In zahlreichen Untersuchungen der Hirnströme stellten Wissenschaftler fest, dass die rechte Hirnhälfte eine wichtigere Rolle beim Gefühlserleben spielt als die linke Hirnhälfte. Auch der Wachstumsprozess beider Hälften verläuft nicht synchron. Während der Kindheit gibt es immer wieder Wachstumsschübe, in der eine Hemisphäre der anderen voraus ist. Da in der rechten Hemisphäre die sensorischen und motorischen Funktionen liegen, die unsere linke Körperhälfte steuern, ist unsere linke Gesichtshälfte meist ausdrucksstärker. Die Sprachentwicklung beginnt mit der emotionalen Tönung und Sprachmelodie der Mutter. Dies geschieht bereits vor der Geburt im sogenannten Broca-Areal der rechten Hirnhälfte. Einige Monate nach der Geburt wird ein weiteres Sprachzentrum in der linken Hirnhälfte, das Wernicke-Areal, aktiv. Die Hirnforscher gehen davon aus, dass die emotionalen Strukturen der rechten Hemisphäre die stärker analytischen Fähigkeiten der linken Hemisphäre ergänzen. Aber Vorsicht, die Behauptung, es gäbe eine Gefühlshälfte und eine Verstandeshälfte wird der Komplexität des Gehirns nicht gerecht! Immer sind beide Hirnhälften mit der Verarbeitung von Gefühlen beschäftigt. So leiden zum Beispiel Menschen, die im linken Vorderhirn einen Schlaganfall erlitten haben, öfter an schweren Depressionen, während ein Blutgerinsel im rechten Vorderhirn andauernde Fröhlichkeit auslösen kann.

Die Chemie der Gefühle

Neben der neuronalen Route besitzen wir auch eine chemische Route, um unsere Gefühle zu transportieren. Schließlich ist das Gehirn keine starre, trockene Masse sondern ein lebendiges, feuchtes Organ. Darin zirkulieren neben Blut und Wasser auch Hormone und Peptide, die während unserer Gemütslagen in den Körper ausgeschüttet werden und über den Blutkreislauf zum Gehirn gelangen. Dort lösen sie beruhigende oder alarmierende Signale aus. Die Neurochemie der Gefühle beginnt im limbischen System; von hier aus leiten chemische Botenstoffe (Neurotransmitter) die Signale von einer Nervenzelle zur anderen. Dies geschieht so: An den Enden der Nervenzellen wo die Synapsen liegen, befindet sich ein winziger, flüssigkeitsgefüllter Spalt (*Synapsenspalt*). Kommt dort ein von Neuronen gefeuertes elektrisches Signal an, dann werden Chemikalien freigesetzt, die zuvor in winzigen Bläschen (Vesikeln) in der Synapse gespeichert waren. Wir wissen heute, dass rund fünfzig Substanzen im Gehirn als „Boten-Stoffe, als Überbringer von Bedeutungen"[37] unser Gefühlsleben beeinflussen: Bei Aggressionen schütten wir Noradrenalin, bei traurig-depressiven Gefühlen Serotonin und bei Angst Adrenalin aus. Bei hohem Adrenalinausstoß produzieren wir Kortisol, einen Botenstoff der unser Erinnerungs- und Lernvermögen stark einschränkt. Verbinden wir jedoch Lernen mit freudigen Gefühlen, dann entstehen Botenstoffe wie Dopamin[38], Interferon und Interleukine. Sie helfen uns, das neuronale Netzwerk auszubauen und zu stabilisieren, unser Denken und Erinnern zu optimieren. Darüber hinaus produziert das Gehirn

körpereigene Morphine, z. B. die Endorphine, um uns freud- und lustvolle Emotionen zu vermitteln. Aufgabe unseres Botenstoffsystems ist es, weit auseinanderliegende Gehirnteile als großräumige operationale Einheiten miteinander zu verbinden. Hierzu ein Beispiel aus dem Alltag: *„Wie kommt es, dass ich nur Bohnerwachs riechen muss und schon erinnere ich mich an den dunklen Schulflur und spüre erneut meine Prüfungsangst?"* Ganz einfach: Gerüche erreichen das limbische System und da dieses auch unsere Gefühle steuert, bilden Geruchssinn und Gefühle eine dauerhafte Einheit.
Auch der Placeboeffekt, – bei dem sich die Beschwerden eines Patient verbessern, ohne dass er tatsächlich medizinische Wirkstoffe eingenommen hätte –, resultiert aus den Glückshormonen (Endorphine), die das Schmerzempfinden beeinflussen. So löste in einer Studie eine grüne Traubenzuckertablette gepaart mit dem Hinweis *„Dies wird Ihre Schmerzen im Arm lindern!"* eine Schmerzlinderung über das Endorphinsystem aus. Selbst der Grad unserer Mütterlichkeit[39] wird von Neurotransmittern beeinflusst.

Der Darm hat Gefühle

Kein anderes Organ reagiert so stark auf psychische Belastungen und gerät so schnell aus dem Gleichgewicht wie der Magen- Darm-Trakt. Sollte etwa das primitive, schlangenförmige Verdauungsorgan über ein selbstständig arbeitendes Gehirn verfügen? Heute bestätigt die Neurogastroenterologie was lange Zeit absurd schien: Wir haben ein *Bauchhirn* oder – genauer gesagt – ein enterisches Nervensystem (ENS). Dort steuern mehr als 100 Millionen Nervenzellen die Speiseröhre, den Magen, den Dünn- und Dickdarm. Schon im Embryo wandern Nervenzellen in den Bauchraum und bilden eine hochintelligente Schaltzentrale im Darm. In seinem Röhrensystem wandern im Laufe eines 75-jährigen Lebens mehr als 30 Tonnen Nahrung und 50.000 Liter Flüssigkeit, deren chemische Substanzen, Gifte und Gefahren analysiert und gemeistert werden müssen. Das *Bauchhirn* ist eine riesige Chemiefabrik, die mindestens 40 Botenstoffe produziert und exakt reguliert. So entsteht hier zu 90 % das sogenannte Glückshormon Serotonin. Daher wirken stimmungsaufhellende Medikamente (Antidepressiva) nicht nur im Kopf sondern auch im Darm mit Durchfall oder Verstopfung. Und wenn wir nach dem Essen ein Wohlgefühl empfinden, so verdanken wir dies der hohen Serotonin-Konzentration im Bauch. Heute hat die Medizin längst bewiesen, was vor einiger Zeit noch als Hirngespinst galt: Das Bauchhirn ist der Ort der Intuition. Es bietet Entscheidungshilfe, indem es uns signalisiert, wann wir Angst, Kummer und Wut (*Ich habe Wut im*

Bauch) haben. Es vermag zwar nicht unsere Gedanken zu lesen, aber als hochsensibles Messgerät registriert es, was im Körper los ist. So kann es nur schon bei dem Gedanken an eine bevorstehende Prüfung Durchfall auslösen. Selbstverständlich stehen *Bauchhirn* und *Kopfhirn* in einem ständigen Austausch: Alle Reaktionen und Daten des Bauches landen in der *Emotions-Gedächtnis-Bank* des Kopfes.

Dieser Ausflug in Gehirn und Körper hat deutlich gezeigt, dass es nicht ein Gefühlszentrum gibt. Lange glaubte man, das limbische System sei die ausschließliche Gefühlszentrale. Inzwischen wissen wir, dass diese einseitige „Theorie der Lokalisation"[40] dem variablen Geflecht von Hirnschaltungen, Botenstoffen und Darmsignalen nicht gerecht wird. Unsere Gefühle sind jederzeit mehr als die Summe ihrer Bestandteile, denn „das Entstehen der Emotionen im Gehirn lässt sich mit dem Stellungsspiel beim Fußball vergleichen: Jeder Spieler der Mannschaft ist nötig, und keiner von ihnen kann die Begegnung allein entscheiden – ebenso wenig wie ein einzelnes Hirnzentrum eine Emotion auszulösen vermag ... Letztlich zählt also weniger der einzelne Fußballer, sondern wichtig ist das Zusammenspiel der Mannschaft."[41]
Für uns Pädagogen ist es daher wichtig, die starken Spielmacher und das ideale Zusammenspiel dieser Mannschaft zu kennen.

Gefühle und Lernen

„Nun diskutieren wir mal sachlich und lassen die Gefühle bei Seite!", ist eine schier unerfüllbare Forderung. Denken, Fühlen und Lernen sind innig miteinander verbunden; sie bilden einen Bund fürs Leben. „Bei positiven Emotionen läuft die gesamte Intelligenz wie geschmiert und ist bereit, zu neuen Erfahrungen aufzubrechen. Negative Emotionen unterbrechen diesen Prozess, bremsen das Denken aus und verursachen eine Dauerzeitlupe der von Schmerz befallenen Gedanken."[42] Der Neurologe Antonio Damasio[43] und seine Kollegen konnten in ihren bekannten Experimenten[44] nachweisen, dass bei einer krankhaften Störung der Emotionen kein rationales Verhalten und Lernen möglich ist. Damasio geht davon aus, dass wir über *emotionale Marker* verfügen, die das Denken darüber informieren, welche Richtung es einschlagen muss, um unser Überleben zu sichern und Risiken zu vermeiden. Da Emotionen körperlich wahrgenommen werden, dient der Körper sozusagen als Prüfstein und Maßstab für unser Denken. Gefühle behindern also keineswegs das Denken, im Gegenteil: Erst unsere

Fähigkeit, Erfahrungen emotional markieren zu können, macht vernünftiges Denken möglich!
Übrigens: Schmusen fördert Lernen mehr als jedes computergesteuerte Lernprogramm! Dies stellten Wissenschaftler ausgerechnet in den USA fest, wo Eltern ihren Nachwuchs vom ersten Schrei an mit Lernsoftware füttern. Der Kinderpsychiater Stanley I. Greenspan von der Washingtoner Universität stellte fest: Wenn wir ein Kind im Arm halten, hin und her wiegen und mit ihm reden, ist das ein Powerschub für seine Intelligenz. Wie ein Lauffeuer überziehen die Worte das Gehirn. Mit Hilfe der Positionen-Emissions-Tomografie (PET) stellten die Forscher fest, dass jedes liebevolle Streicheln und Kümmern wie ein Knopfdruck auf Abermilliarden von Neuronen wirkt, die sich dann blitzschnell vernetzen.
Eine wichtige Erkenntnis diesmal für Lehrer und Erzieher machte der Magdeburger Hirnforscher Henning Scheich[45]. Er stellte fest, dass die Begeisterungsfähigkeit der Lehrperson für den Lernprozess sehr bedeutsam ist: „Vorbilder sind für das noch unfertige Gehirn als Orientierung enorm wichtig. Und auch Begeisterung wirkt disziplinierend – man will es dem Vorbild ja recht machen."

Gefühle und Gedächtnis

Warum erinnern wir uns so gut an den Duft der Weihnachtsplätzchen unserer Kindheit oder an die Farben der Felder an denen wir vorbeiliefen und an die damit einhergehenden Gefühle der Geborgenheit oder der Freiheit? Viele unserer frühen Erinnerungen gehen auf die Zeit zurück, als das lymbische System heranreifte und unsere sensorischen, motorischen und emotionalen Erfahrungen miteinander verband. Auch im Erwachsenenalltag ist uns die Einheit von Fühlen und Behalten wohl bekannt: Den Vortrag eines langweiligen Redners, der wenig Gefühle in uns auslöst, behalten wir schlechter als die Botschaften eines witzig Vortragenden.
Die aktuellen Untersuchungen[46] über den Einfluss von Gefühlen auf das Gedächtnis bestätigen unsere Alltagserfahrung: Die Erinnerung an Dinge ist umso besser, je intensiver sie von Gefühlszuständen begleitet werden. Ein Beispiel: Viele von uns wissen noch genau, was sie am 11. September 2001 nachmittags getan haben, aber nicht was sie am 11. März oder 11. Dezember taten. Wenn Emotionen im Spiel sind, dann ist der Speicherungseffekt höher. Eine Arbeitsgruppe des Neurologen Manfred Spitzer[47] untersuchte die Erinnerungsleistung von Versuchspersonen, wenn man ihnen neutrale, negative oder positive Wörter zeigt. Das

Ergebnis war eindeutig: „So wurden diejenigen Wörter am besten erinnert, die in einem positiven emotionalen Kontext eingespeichert wurden." Zahlreiche Untersuchungen[48] belegen diesen engen Zusammenhang von Emotion und Kognition, von Fühlen und Behalten.

Aber jede Regel kennt auch Ausnahmen:

- Sind die Emotionen zu stark, dann können sie die Erinnerung behindern oder die Gedächtnisinhalte auslöschen. Diesen Vorgang bezeichnen Neurologen als emotional bedingte Amnesie und Psychoanalytiker als Verdrängung.
- Der verstärkende Effekt von Emotionen gilt nur bei einem mittelfristigen Abruf d. h. nach mindestens zwei Minuten und länger. Ruft man eine Gedächtnisleistung vor Ablauf dieser zwei Minuten ab, so wirken die Gefühle eher hemmend.
- Positive Inhalte werden besser erinnert als negative. Angst und Depressionen blockieren das Gedächtnis.
- Gefühle unterstützen vor allem episodisch-autobiografische Gedächtnisinhalte und weniger das Faktenwissen. Wir behalten emotional gefärbte Erlebnisse besser als neutrale. Der erste Schultag, die große Liebe oder der Tod eines Freundes prägen sich uns tiefer ein als jede Mathe-Formel.

Die biologische Grundlage unserer Fühl-, Denk- und Handlungssysteme bildet die Plastizität des Gehirns. Das heißt, das neuronale Netzwerk modifiziert sich ständig und seine Schaltkreise arbeiten um so enger zusammen, je häufiger sie aktiviert werden. Ergebnis und Ausdruck dieses komplexen Netzwerkes sind unsere Gefühle und Erinnerungen, die wiederum unser körperliches Wohlergehen beeinflussen. Emotionen sind demnach nichts anderes als die Quintessenz unserer Lebenserfahrungen – im Körper niedergeschlagen. Wenn wir auf Stress mit Magengeschwüren, bei Verlegenheit mit rotem Kopf oder bei Angst mit verkrampften Nackenmuskeln reagieren, dann zeigt sich darin die Komplexität unseres Organismus. Selbst unsere Augen reagieren auf Gefühle: Bei Bewunderung, Zuneigung oder Zärtlichkeit weiten sich die Pupillen und machen uns attraktiver. Das heißt: Gefühle gehen den Weg vom Geist/Gehirn zum Körper und zurück zum Geist/Gehirn. Jedes Mal, wenn der Mensch eine Entscheidung fällen muss, basiert diese nicht nur auf intellektuellen Kalkulationen, sondern auch auf den unbewussten Informationen aus dem gigantischen Katalog von gespeicherten Emotionen und Körperreaktionen.
Auf dieses Zusammenwirken beruft sich der Neurobiologe Gerald Hüther[49] von der Universität Göttingen, wenn er an uns Pädagogen appelliert:

„Wer Sicherheit bietende Beziehungs- und Orientierungsangebote als Kuschelpädagogik bezeichnet, hat nicht begriffen, worum es geht! Kinder brauchen Geborgenheit und emotionale Sicherheit, damit sie das hochkomplexe Verschaltungsmuster in ihrem frontalen Kortex auch ausbilden können. Druck und psychische Belastung verhindern ebenso wie Mangel an Anregungen und an geeigneten Vorbildern, dass diese hochkomplexen Aktivierungsmuster im Frontalhirn geknüpft und stabilisiert werden. Im Gegenteil, unter Druck schaltet das Gehirn zurück auf einfachere, ältere Nutzungsmuster."

Was Pädagogen beherzigen sollten

- Gefühle und Denken schließen sich nicht aus. Alle von den Sinnesorganen einlaufenden Informationen werden emotional gefärbt und bewertet. Jede Information löst auch Gefühle aus! Erst unsere Fähigkeit, Erfahrungen emotional markieren zu können, macht vernünftiges Denken möglich!
- Das Gedächtnis speichert nicht nur den sachlichen Teil einer Information, sondern auch ihre emotionale Markierung. So kann es leicht zu dem kommen, was Psychologen *Generalisierung* nennen z. B.: Schon der bloße Anblick eines Lehrers, mit dem der Schüler bereits schlechte Erfahrungen gemacht hat, ruft sein gespeichertes Angstgefühl mit allen körperlichen Begleiterscheinungen hervor.
- Emotionen wirken als Verstärker jeder neuen Information: Ereignisse und Fakten, die mit starken Gefühlen besetzt sind, speichern wir besser ab. Und alles, was mit positiven Gefühlen verbunden ist, speichern wir besonders gut ab.
- Für optimales Lernen gilt es also negative Gefühle zu vermeiden und den positiven viel Raum zu geben. Und wenn mal was schief geht, dann sollten wir das Kind ermutigen *„Das ist nicht schlimm. Wir alle machen Fehler. Versuch's einfach noch einmal!"* So erhält das Kind die faire Chance, das positive Erlebnis und nicht die beschämende Situation abzuspeichern.
- Alle Pädagogen, die verstanden haben, welch große Bedeutung der Mandelkern für den Lernprozess hat, sollten spätestens jetzt Sätze wie *„Das hast du ja noch nie gekonnt"* oder *„Was war schon anderes von dir zu erwarten"* aus ihrem Repertoire streichen!
- Extrem starker oder gar chronischer Stress wirken sich nachteilig auf das Gedächtnis aus. Stresshormone reduzieren die Glukoseaufnahme und damit die verfügbare Energie im Gehirn.

- Angst ist mit Kortisol *liiert*, ein Botenstoff, der unser Erinnerungs- und Lernvermögen stark einschränkt.
- Lust macht schlau: Dopamin ist der Stoff, der uns antreibt, ohne den wir unfähig wären, zu lernen. Erstens: Dopamin weckt auf, es macht uns auf Neues und besonders Interessantes aufmerksam. Zweitens fördert es das Lernen, es ermuntert das Gedächtnis sich gute Erfahrungen einzuprägen. Unter seinem Einfluss denken und reagieren wir schneller, bilden leichter Assoziationen und sind kreativer. Kinder, die sich wohl fühlen und lachen dürfen, lernen besser!
- Das traditionelle Schulsystem beachtet die Einheit von Gefühl und Lernen zu wenig! Das Lernen mit allen Sinnen, mit *Kopf, Herz und Hand*[50] und vor allem das Lachen kommen zu kurz! „Was fehlt bei allen unseren pädagogischen Bemühungen? Das fühlende Gehirn!"[51]

Das Gehirn in Zahlen – Ein Steckbrief

Geschichte: 500 Millionen Jahre Evolution vom einfachen Nervensystem der Qualle bis zum menschlichen Hirn

Gewicht: durchschnittlich 1,3 Kilogramm, also etwa 2-3 % unseres Körpergewichts

Energieverbrauch: 20 % unseres gesamten Energiehaushalts

Großhirn (Cortex) besteht aus insgesamt 6 Schichten und hätte ausgebreitet:

- bei einer Ratte die Größe einer Briefmarke
- bei einem Schimpansen die Größe eines DIN-A4-Blattes
- beim Menschen die Größe von vier DIN-A4-Blättern

Großhirnrinde: 2 Millimeter dick, hat 50 bis 100 separate Funktionsbereiche

Neuronen: rund 100 Milliarden Gehirnneuronen in 50 verschiedenen Grundformen. Im Gehirn des Embryos teilen sie sich sehr oft und in Höchstgeschwindigkeit: In einer Minute können 250.000 Neuronen entstehen! Jedes Neuron verfügt über 1.000 Kontaktstellen, einige Neuronen in der Großhirnrinde sogar über bis zu 200.000 Synapsen. Die Gesamtzahl aller möglichen Verbindungen im Neuronennetzwerk ist größer als die Zahl aller Atome in dem uns bisher bekannten Universum.

Gliazellen: Sie gehören nicht zu den Neuronen, sind aber im Gehirn zehnmal mehr vertreten als Nervenzellen. Das griech. Wort *glia* bedeutet *Leim.* Gliazellen funktionieren wie

Schwämme; sie fangen giftige Substanzen im Gehirn ab. Bei der Entwicklung des Gehirns spielen sie eine wichtige Rolle als Leitschienen: In ihrem Kielwasser gleiten die Neuronen an ihre vorgesehene Stelle im Gehirn.

Entwicklung: Bei der Geburt befinden sich die meisten Neuronen an ihrem richtigen Bestimmungsort im Gehirn. Hier beginnt Schritt für Schritt der synaptische Kontakt zu den Nachbarneuronen. Von nun an spiegelt sich jede kleine Veränderung im Alltag und in der Umwelt in der Veränderung des neuronalen Netzwerkes wieder. Dabei gilt die Regel: *Use it or loose it (gebrauch's oder verlier's)*, also wenig genutzte neuronale Verbindungen verblassen und oft verwendete verstärken sich. Diese Plastizität des Gehirns gilt bis ins hohe Alter.

Kapitel 4

Von der Herzensbildung zur emotionalen Intelligenz

Die Intelligenz des Denkens ist nichts ohne die Intelligenz des Herzens.
Romain Rolland

Über weite Strecken des 20. Jahrhunderts waren Gefühle in wissenschaftlichen Labors verpönt. Sie seien zu subjektiv, verschwommen und stünden im absoluten Gegensatz zur Vernunft. Doch diese These wurde im Laufe der Geschichte von vielen Philosophen, Pädagogen und Dichtern immer wieder in Frage gestellt. Der folgende Exkurs in die *Vergangenheit der Herzensbildung* macht dies deutlich:

„Das Herz hat Gründe, von denen die Vernunft nichts weiß", gab schon im 17. Jahrhundert der französische Mathematiker und Philosoph **Blaise Pascal**[52] (1623 – 1662) zu bedenken, als er um das Recht auf intuitive Gewissheit kämpfte. Dem Naturwissenschaftler haben wir nicht nur viele Erfindungen (die Rechenmaschine, die Wahrscheinlichkeitsrechnung, das Barometer und das Pascalsche Dreieck) zu verdanken, sondern vor allem die wunderbare Wortschöpfung *raison du coeur* also die *Vernunft des Herzens*. Pascal vertrat die Ansicht, die Mathematik fördere mit ihrer streng geometrischen Methode rationales Denken, was in der Wissenschaft notwendig sei. Aber es gäbe viele nichtwissenschaftliche Lebensfragen, die weder die mathematische Vernunft noch der geometrische Geist (*esprit de geometrie*) beantworten könnten. In den existentiellen Fragen des menschlichen Lebens sei vielmehr die gefühlsmäßige Intuition als feinsinniger Geist (*esprit de finesse*) gefragt. Pascal glaubte, dass nur die Gründe des Herzens und nicht die der Vernunft den irrenden und zweifelnden Menschen zu Wissen und Erkenntnis führen könnten. Das Herz habe dabei Gründe, die die Vernunft nicht kenne. Es folge somit einer eigenen Logik, einer *Herzensvernunft* (*raison du coeur*). Erst diese – so meint Pascal – führe den Menschen zur Nächstenliebe und zum wahren christlichen Glauben.

Selbst der Vater des Wirtschaftsliberalismus, der Philosoph **John Locke**[53] (1632 – 1704) riet: „Alles, was Sie zum Vorteil der Geister- und Herzensbildung Ihres Sohnes auslegen, wird Ihre wahre Güte bekunden, selbst wenn es zur Verminderung seines Habes und Gutes beiträgt." Wenige Jahrzehnte später formulierte der französische Dichter und Moralist **Luc de Clapier Vauvenargues**[54] (1715 – 1749) treffend: *„Die großen Gedanken kommen aus dem Herzen."* („Les grandes pensées viennent du coeur").

Mitte des 18. Jahrhunderts verwendete der franz.-schweizerische Philosoph **Jean-Jacques Rousseau**[55] (1712 – 1778) Begriffe wie *education du coeur* oder *Menschenbildung*. In seinem Erziehungsroman *Émile ou de l'éducation* von 1762 stellt er das Ideal einer naturnahen, undogmatischen Erziehung auf, in der sich die natürlichen Anlagen des Kindes frei entwickeln sollen. Und dazu gehört natürlich auch das Recht auf die Freiheit von Gefühl und Leidenschaft. Mit dieser Forderung gilt Rousseau als Wegbereiter einer kindgerechten Pädagogik.

Wissenswertes aus der Geschichte der Pädagogik

Heute erscheint uns der Appell von Rousseau, die natürlichen Anlagen des Kindes müssten sich frei entwickeln, als selbstverständlich. Doch in der Geschichte der Pädagogik war dies nicht immer so. Zur Zeit Rousseaus, der Aufklärung, gab es noch keine Pädagogen als ausgewiesenen Berufsstand. Es waren die Philosophen, die das zeitgenössische Menschenbild und somit die Maßstäbe der Erziehung prägten. Damals rangen zwei philosophische Strömungen um die Vorherrschaft:

- die *Idealphilosophie* Platons bestimmte bis in die Neuzeit die Erziehungsmaßstäbe des Abendlandes. Sie wollte den Menschen nach Idealen ausrichten, d. h. das Kind auf ein vorgegebenes, von außen festgelegtes Ziel hin erziehen.
- die *Existenzphilosophie* hielt erst mit Rousseau Einzug in die Pädagogik. Ihr ging es erstmals darum, den Menschen nach seinen Fähigkeiten zu erziehen, seine Begabungen zu erkennen und zu fördern. Das Kind selbst, seine geistige und körperliche Entwicklung, seine Bedürfnisse und Gefühle rückten von nun an in den Mittelpunkt der Erziehung. **Ein Meilenstein in der Pädagogik!**

Der Pädagoge **Johann Heinrich Pestalozzi**[56] (1746 – 1827) forderte:

„Der erste Unterricht des Kindes sei nie die Sache des Kopfes, er sei nie die Sache der Vernunft – er sei ewig die Sache der Sinne, er sei ewig die Sache des Herzens. Wenn es mir nur von ferne gelingen sollte, die abgestorbenen Fundamente der Geistes- und Herzensbildung und einer mit den veredelten Kräften des Geistes und des Herzens übereinstimmenden Kunstbildung dem Herzen meiner Zeitgenossen wieder näher zu bringen, so würde ich mein Leben segnen und die größten Hoffnungen meiner Bestrebungen erfüllt sehen."

Pestalozzi betonte, dass die Lernschritte und die Persönlichkeitsentwicklung des Kindes unmittelbar von den mitmenschlichen Qualitäten des Erziehers und Lehrers abhängen. In seinen zahlreichen Briefen[57] an den Reformpädagogen Peter Petersen (1884 – 1952) betonte Pestalozzi immer wieder den Vorrang der Herzensbildung gegenüber der Geistesbildung. Es ist sicher kein Zufall, dass Pestalozzi, der von seinem sechsten Lebensjahr an vaterlos aufgewachsen und trotz Mutter und Kinderfrau emotional verwahrlost war, in seinem pädagogischen Werk so viel Wert auf eine Gefühlserziehung legte. Aber ihm selbst war der Erfolg bei seinem eigenen Sohn nicht vergönnt. Er war zwar in der Lage fremden Waisenkindern genügend väterliche Wärme zu geben, sein Sohn jedoch wuchs verwahrlost auf, galt als Zehnjähriger als geistesschwach und starb mit 30 Jahren. Von Schuldgefühlen geplagt, schrieb Pestalozzi: *„Du kannst den Teufel aus deinem Garten verjagen, doch im Garten deines Sohnes findest du ihn wieder."*

Die Vordenker kamen nicht nur aus den Reihen der Philosophen und Pädagogen. Auch der Theologe **Adolf Kolping** (1813 – 1865) erklärte die Herzensbildung zum Leitmotiv seines sozialreformerischen Erziehungs- und Bildungskonzeptes.

Der österreichische Neurologe **Sigmund Freud**[58] (1856 – 1939) beschäftigte sich als erster in intensiven Studien mit dem Einfluss der Gefühle auf unser Denken und Handeln. Die von ihm entwickelte Psychoanalyse interessierte sich vor allem für die unbewussten Gefühle, die uns triebhaft steuern. Das *Es* wurde zum Sinnbild der unbewussten Triebe und Gefühle und das *Ich* verkörperte das vernünftig Handelnde. Freud war der erste, der das pathologische Potenzial gestörter Emotionen erforscht und beschrieben hat.

Die Stimmen, die die Einheit von Denken und Gefühl forderten, wurden zunehmend lauter und kamen aus den verschiedensten Bereichen. So meinte der französische Dramatiker **Romain Rolland** (1866 – 1944): *„Die Intelligenz des Denkens ist nichts ohne die Intelligenz des Herzens. Und sie ist auch nichts, ohne den gesunden Menschenverstand."* Selbst für den dänischen Physiker **Niels Bohr** (1885 – 1962) folgte das Denken nicht nur berechenbaren Regeln sondern auch spontanen Gefühlen. Sein Satz, den er einem Student tadelnd sagte, wurde zu einem bekannten Ausspruch: *Sie denken nicht nach, Sie denken nur logisch!*

Heute beschreibt der Philosoph **Ronald De Sousa**[59] in seinem epochalen Werk, dass Gefühle maßgeblich am Erwerb von Überzeugungen und Wünschen beteiligt sind. Für ihn entziehen sie sich keinesfalls der rationalen Beurteilung, sondern sie öffnen gemeinsam vor aller Rationalität dem Menschen die Welt. Gefühle – das zeigt de Sousa ausführlich – lenken und kontrollieren die Erfahrung. Immer steht der Mensch unzähligen Eindrücken gegenüber, deren Dringlichkeit man eiligst beurteilen muss. Erst die Gefühle machen die Rationalität der menschlichen Vernunft möglich.

Auch der bekannte Hirnforscher **Antonio R. Damasio**[60] betont: „Meine Forschungsergebnisse haben mich überzeugt, dass die Emotion ein integraler Bestandteil des Denkprozesses ist". Seiner Meinung nach leide „die Menschheit nicht an einem Defekt ihrer logischen Kompetenz, sondern vielmehr an einem Defekt ihrer Emotionen, die wichtige Informationen für den logischen Prozess bereitstellen." Für den Computerwissenschaftler David Gelernter[61] sind „Emotionen nicht eine besondere Form von Gedanken, kein zusätzlicher Weg des Denkens, kein spezieller kognitiver Prozess, Emotionen sind vielmehr grundlegend mit dem Denken verwoben." Erst die Gefühle machen unser Denken flexibel. Während der logische Verstand die Gedanken lange abwägt, vermag das Gefühl rasche Entscheidungen zu treffen, die nicht aus der Logik entspringen. Die Urteile aus dem Gefühl entstammen aus zwei anderen Quellen: Aus der genetischen Programmierung unserer Intuition und aus unseren Erfahrungen. „Wie ein Bild mehr als tausend Worte ausdrücken kann, so sagt eine Emotion oft mehr als tausend Gedanken."[62]

Auf meinem Exkurs in die *Vergangenheit der Herzensbildung* suchte ich nach den ersten zeitgenössischen Literaturbelegen und stellte mir die Frage nach dem Wortursprung[63]. Der wertvollste Fund ist ein Beleg aus dem Jahr 1779. Er stammt aus der Zeitschrift *Zuschauer in Baiern*[65] und lautet:

„So viel ich merke, sagte der Verwalter, so wird in dieser Monathschrift nicht einmal von den Türken, von den Engländern und Amerikanern etwas vorkommen, sondern bloß neue Worte und Redensarten, wie's jetzt im Schwung gehen, und so abgeschmackte Dinge von Herzensbildung, wie sie's nennen."

Es klingt so, als sei der Begriff *Herzensbildung* damals gerade erst von bestimmten Leuten, die der Schreiber offenbar nicht mag, aufgebracht worden.

Das Deutsche Wörterbuch von Jacob und Wilhelm Grimm gibt als ersten schriftlichen Beleg eine Literaturzeitung[66] aus dem Jahre 1838 an. Es handelt sich dabei um einen Artikel über Astronomie, genauer um planetarische Seelenwanderung:

„So wie jemand durch Geistes- und Herzensbildung sich für diesen oder jenen Planeten qualifiziert, scheidet die Seele aus ihrer Hülle, und wird dort in einer neuen als Kind geboren."

Der nächste Beleg[67] aus dem Jahre 1855 stellt die Herzensbildung der Frauen in Frage:

„Was sind das für wechselnde Geschöpfe, die uns in ihrem Empfangszimmer durch ihre Freundlichkeit bezaubern und uns in der Küche, im Bügelzimmer, der armen Magd oder Näherin gegenüber, das Blut vor Entrüstung kochen machen? Die wahre, echte Herzensbildung besitzen sie freilich nicht, denn diese bewährt sich allenthalben, aber sie sind doch nicht so schlimm wie sie scheinen. Es ist gewiß häufiger Unkenntniß der Sache als innere Härte, die sie zu solchen häßlichen Ausbrüchen verleitet." Wie soll die Frau, wie soll das junge Mädchen gerecht sein, Dienstleistungen gegenüber, von deren Ausübung sie kaum eine Ahnung hat?"

Auch 1856 scheint *Herzensbildung* eine reine Frauenangelegenheit zu sein. So ist im Frauen-Brevier[68] zu lesen:

„Und wie viel kann eine edle, gebildete Frau wirken für die Linderung allgemein menschlicher Leiden, für die Verbesserung gesellschaftlicher Uebelstände, wenn sie sich diesen Pflichten aus wahrer Herzensneigung, mit ernster Hingebung und unter der Leitung eines aufgeklärten, gebildeten Verstandes widmet ... ohne Verbitterung des Gemüths und ohne Verkümmerung des Geistes zu ertragen und an der Stelle des vom Schicksal ihnen versagten Looses sich ein anderes, möglichst befriedigendes für sie selbst und möglichst nutzbringendes für die Welt zu schaffen, auch dazu befähigt die Frauen nur eine wahre, gründliche Geistesbildung und Herzensbildung."

Geht man heute ins Internet auf die Suche nach dem Begriff *Herzensbildung* so findet man unzählige Verweise z. B. auf die Universität St. Gallen in der Schweiz, deren Studiengänge von Kopf, Herz und Hand bestimmt werden oder auf die Gutenberg-Grundschule in Finnentrop, die lobenswerterweise in ihrem Schulprogramm die *Herzensbildung* als wichtigen Baustein ausweist.

Was Johann Wolfgang von Goethe noch zärtlich romantisierend Herzensbildung nannte, wird heute als emotionale Intelligenz bezeichnet.

Der Begriff wurde erstmals 1986 von den beiden amerikanischen Psychologen Peter Salovey (Yale University) und John Mayer[69] (University of New Hampshire) benutzt. Sie vertraten die Ansicht, die emotionale Intelligenz bilde eine Teilmenge der sozialen Intelligenz. Der Entwicklungspsychologe Howard Gardner[70] (Harvard Graduate School of Education) unterteilt diese wiederum in eine *intrapersonale Intelligenz*, bei der es um das Verständnis der eigenen Gefühle geht, und in eine *interpersonale Intelligenz*, bei der es um das Verständnis der Gefühle unserer Mitmenschen geht.
Erst durch den Bestseller *Emotionale Intelligenz* des amerikanischen Psychologen und Publizisten Daniel Goleman[71] wurde der Begriff weltweit bekannt. Er hat die seit der Aufklärung auseinanderdriftenden Welten von Ration und Emotion wieder zu einer griffigen Formel vereint: Emotionale Intelligenz. Lange Zeit galt der Intelligenz-Quotient (IQ) als *der* Maßstab für Erfolg. Doch immer mehr Kritiker bezweifelten dies: Was sagt schon eine im IQ-Test erworbene Punktzahl aus; hat der Kandidat mit 135 Punkten mehr Intelligenz als der mit 105 Punkten? „Ich kenne niemanden, der in diesem Sinne Intelligenz *hat*. Die Menschen, die ich kenne, *tun* manchmal etwas Kluges, und sie *tun* manchmal etwas Dummes – das hängt von den Umständen ab, unter denen sie handeln."[72]
Goleman, der mit mehr als 500 Unternehmen zusammenarbeitet, hatte festgestellt, dass die emotionale Intelligenz der Mitarbeiter stärker am Erfolg einer Firma beteiligt sei als Intelligenzquotient und Sachverstand zusammengenommen.

„Emotionale Intelligenz bedeutet auch, die eigenen Gefühle zu kennen und sie optimal managen zu können. Empfindungen so zu regulieren, dass Zorn effektiv wird, Furcht bezähmbar. Ein emotional intelligenter Mensch findet fast immer selber aus einer Niedergeschlagenheit heraus, kann seine optimistische Stimmung bewahren und beispielsweise am Arbeitsplatz trotz Frustration unbeirrt weitermachen."[73]

Rasch avancierte die emotionale Intelligenz zum *soft skill* der New Economy, die darin den eigentlichen Schlüssel zum Erfolg sah.

Das neuartige an dem Begriff *Emotionale Intelligenz* ist die Verbindung von zwei Welten, die lange Zeit als unvereinbar galten: Diffuse Emotionen und konkrete Intelligenz. Denn in unserer Gesellschaft dominiert weithin das Bild vom vernunftgesteuerten, bewussten und frei entscheidenden Menschen. Gefühle gelten als schwer fassbar und beängstigend; sie haben im Gegensatz zu Gedanken keinen konkret benennbaren Inhalt, sind gegenstandsarm und

daher unpräziser. Die Annahme Denken und Fühlen müssten streng unterschieden werden, ist zwar immer noch tief verwurzelt, aber sie entspricht schon lange nicht mehr den Erkenntnissen der neurowissenschaftlichen Forschung. Die Hirnfoschung lehrt uns heute, dass Vernunft und Verstand eingebettet sind in die emotionale Natur des Menschen. Körper, Denken und Gefühle sind durch neuronale Netzwerke eng miteinander verbunden und funktionieren als Einheit. Emotionale Reize wirken auf nahezu alle Bereiche der Großhirnrinde, die unsere Wahrnehmung und komplexen Denkabläufe steuert. Das limbische System bewertet und wägt alles, was wir tun mit unserem emotionalen *Erfahrungsschatz* ab. Unsere Gefühle gehen mit sicht- und messbaren körperlichen Empfindungen einher: Das Herz schlägt vor Freude höher, der Angstschweiß auf der Stirn entsteht, die Trauer lässt die Schultern hängen, der Schreck macht uns kreidebleich, die Wut zornesrot und der Neid macht uns blass.
Übrigens: Wissen Sie, warum Liebe blind macht und unseren Verstand vernebelt? Der Schweizer Neurowissenschaftler Andreas Bartels stellte fest, dass der Serotoninwert (ein Botenstoff bzw. Neurotransmitter) im Hirn um 40 % unter den Normalwert sinkt, wenn wir verliebt sind. Dann ist unser Erregungsniveau erhöht, wir verspüren wenig Schlafbedürfnis und Appetit, unsere Wahrnehmung ist gestört, unsere Hemmungen sinken und unsere Bereitschaft zu irrationalen Handlungen steigt. Zum Glück hält dieser Zustand nur die ersten Monate des Verliebtseins an. Danach steigt der Serotoninwert langsam bis zum Normalwert an.
Eines ist jedenfalls klar: Jeder Mensch meistert kritische Augenblicke, schwierige Phasen, gefährliche Versuchungen, dauerhafte Belastungen und ungünstige Lebensbedingungen umso besser, je ausgeprägter seine emotionale Intelligenz ist. Er vermag seine Gefühle und Reaktionen und die anderer in verschiedenen Situationen einzuschätzen, zu handhaben und zu bewerten.
Die emotionale Intelligenz beinhaltet fünf Baustein, die in den nächsten Kapiteln ausführlich erläutert werden: Selbstwahrnehmung, Selbststeuerung, Motivation, Empathie und soziale Kompetenz.

Was Pädagogen beherzigen sollten

- Auch wenn emotionale Intelligenz nicht messbar ist, so ist sie doch erlernbar. Wer in seiner Kindheit und Jugend gelernt hat, mit seinen Gefühlen und denen seiner Mitmenschen umzugehen, vermag sein geistiges Potenzial voll auszuschöpfen ohne zum Spielball seiner Emotionen zu werden.
- Überdenken Sie immer wieder den Appell des Neurobiologen Gerald Hüther[74]: „Die Kleinen sollten nicht ständig unterrichtet werden. Gedichte oder Vokabeln auswendig lernen

sind relativ einfache Lernleistungen, die gar nicht einmal im Frontalhirn verankert werden, sondern in hinteren Hirnregionen. Kinder müssen in dieser Zeit vielmehr lernen können, wie man Beziehungen gestaltet: Zu anderen Kindern, zu den Eltern und Erziehern, zur äußeren Welt und zu sich selbst. In diesen Erfahrungen müssen sie sicher werden! Gemessen an diesen Leistungen sind Lesen, Schreiben und Rechnen lernen oder einen Computer bedienen ein Kinderspiel!"

- Kinder und Jugendliche mit hoher emotionaler Intelligenz verfügen über ein stabiles Selbstwertgefühl, über Problemlösungsstrategien, über ein inneres Krisenmanagement und vor allem kennen sie Alternativen zu Gewalt und Drogen, um sich selbst zu spüren.
- Die Lern- und Persönlichkeitsentwicklung des Kindes hängt unmittelbar von den emotionalen Qualitäten seiner Eltern, Erzieher und Lehrer ab.

Kapitel 5

Die Bausteine der emotionalen Intelligenz

Emotionen und Gefühle sind die persönlichsten, elementarsten und mächtigsten Antriebskräfte des Menschen.
Yehudi Menuhin

Der amerikanische Psychologe und Publizist Daniel Goleman[75] unterteilt die Entwicklung der emotionalen Intelligenz in fünf Bausteine:

- Erster Baustein: **Die eigenen Emotionen kennen lernen** (→ Seite 62f.)
  An erster Stelle steht die Kenntnis der eigenen Emotionen, denn ein Mensch mit hoher emotionaler Intelligenz kann seine eigenen Gefühle gut wahrnehmen und ist sensibel für seine Gefühlsschwankungen.
- Zweiter Baustein: **Emotionen handhaben** (→ Seite 82f.)
  Hier geht es um das Management der Emotionen. Nur wer seine Gefühle genügend beachtet, vermag sie auch zu beeinflussen und z.B. Wut, Angst oder Schwermut schneller zu überwinden. Goleman spricht hier von der Selbstregulierung und -kontrolle oder - in Anlehnung an den Zen- Buddhismus - von *richtiger Achtsamkeit* sich selbst gegenüber.
- Dritter Baustein: **Emotionen in die Tat umsetzen** (→ Seite 99f.)
  Nun gilt es seine wahrgenommenen Gefühle produktiv zu nutzen, zielgerichtet in die Tat umzusetzen und sich selbst zu motivieren. Dazu muss eine grundlegende emotionale Fähigkeit ausgebildet werden: Impulskontrolle.
- Vierter Baustein: **Empathie entwickeln** (→ Seite 114f.)
  Zum Verhaltensrepertoire eines emotional intelligenten Menschen gehört es auch, über den Tellerrand zu schauen. Es geht um die Fähigkeit, die Gefühle anderer Menschen richtig zu erkennen und Mitgefühl zu entwickeln. Psychologen nennen dies Empathie.
- Fünfter Baustein: **Soziale Kompetenz erwerben** (→ Seite 130f.)
  Die Kenntnisse und Fähigkeiten der ersten vier Bausteine bilden die Grundlage für unseren pfleglichen Umgang mit Beziehungen und Freundschaften. Wir können nun unser Leben sozial kompetent gestalten.

In den folgenden Kapiteln beschäftige ich mich eingehend mit diesen fünf Bausteinen. Doch zunächst möchte ich versuchen, vier Grundsatzfragen, die ich in Seminaren immer wieder gestellt bekomme, zu beantworten.

Gibt es einen Unterschied zwischen Gefühl und Emotion?

Die antiken Philosophen und Schriftsteller sprachen von *pathos* (griech.) oder *passio* (lat.) und brachten damit zum Ausdruck, dass Gefühle packend, ergreifend und leidenschaftlich sind. Das deutsche Wort *Gefühl* stammt aus dem 17. Jahrhundert, wo es im Sinne von *Anfüh-*

len und Erleben verwendet wurde. Dies entspricht dem englischen und französischen Begriff *sentiment*.

In der modernen Definition des Neurologen und Hirnforschers Antonio Damasio[76] wird deutlich, dass ein Gefühl zunächst einmal empfunden werden muss: „In der Regel meine ich mit *Gefühl* eine Reihe von Veränderungen, die in Hirn und Körper stattfinden und gewöhnlich durch einen bestimmten geistigen Inhalt ausgelöst werden. Eine *Empfindung* ist die Wahrnehmung dieser Veränderungen."
Damasio[77] geht sogar so weit, Gefühle als private und Emotionen als öffentliche Empfindungen zu unterscheiden: „Ich habe vorgeschlagen, den Ausdruck *Gefühl* für die private, mentale Erfahrung einer Emotion zu reservieren, während der Ausdruck *Emotion* dazu dienen sollte, all jene Reaktionen zu bezeichnen, die großenteils öffentlich zu beobachten sind. Praktisch heißt das, dass Sie bei jemand anders kein Gefühl beobachten können, wohl aber bei sich selbst."

Der Psychologe Daniel Brown[78] meint, dass „ein Gefühl mindestens drei Komponenten hat: einen im Körper empfundenen Vorgang, einen Gedanken- oder Erkenntnisinhalt und eine Ausdrucksreaktion."
Der Psychiater und Neurologe Manfred Spitzer[79] geht von zwei Ebenen aus. Für ihn haben Emotionen „eine Stärke (viel – wenig) und eine Valenz (gut – schlecht bzw. positiv – negativ). Der Biologe Francisco Varela[80] von der École Polytechnique in Paris gibt schließlich zu bedenken, dass „wir keine allgemein anerkannte Einteilung der Gefühle haben und nicht einmal eine gültige Definition dessen, was ein Gefühl ist."

Bei aller Vielfalt in der Definition gibt es – ganz gleich ob wir von *Gefühl* oder *Emotion* sprechen – einige übergreifende Merkmale:

- Gefühle haben die Aufgabe, den Organismus am Leben zu erhalten. In dieser regulatorischen Funktion arbeiten sie biologisch determiniert. Das heißt: Automatisch rufen sie auf die auslösende Situation eine spezifische Reaktion hervor. Sie regulieren den inneren Zustand des Organismus derart, dass er rasch und adäquat reagieren kann z. B. mit höherer Blutzufuhr in den Beinarterien für eine mögliche Flucht.
- Ihr Ursprung liegt in angeborenen Hirnstrukturen, die eine lange evolutionäre Geschichte haben. Insofern sind Gefühle auch intelligente Anpassungsleistungen.

- Der Körper ist die wichtigste Bühne der Gefühle: Jedes Gefühl ist eine Erfahrung, die nach emotionalem körperlichem Ausdruck verlangt. Dieser kann sicht- oder unsichtbar sein.
- Mit jedem emotionalen Zustand gehen hormonelle und kardiovaskuläre – d.h. Herz und Gefäße betreffende – Veränderungen einher, deren Verlauf einerseits von der Art der betreffenden Emotion und andererseits vom Kontrollverhalten des Menschen abhängt.
- Gefühle beeinflussen die Schaltkreise des Gehirns und des Körpers. Sie lösen eine konzertierte chemische und neuronale Aktion aus und geben ihre *Botschaften* auf zwei Wegen weiter: Über Blutbahnen, die chemische Moleküle z.B. in Körperzellen transportieren und über Nervenzellbahnen, die elektrochemische Signale an andere Neuronen oder Organe weitergeben.
- Jedes Gefühl basiert also auf einem Netzwerk von neuronalen und chemischen Reaktionen und wird von einem charakteristischen Gehirnwellen-Muster begleitet.
- Wie wir Gefühle ausprägen, handhaben und anerkennen, dies ist Ausdruck von Lernen und Kultur. Daraus ergibt sich eine interessante Vielfalt: So kennen Japaner das Gefühl *yugan*, das übersetzt *ästhetischer Augenblick des Einsseins* bedeutet oder die Inder das Gefühl *rasa*, was so viel wie *Bewunderung ohne Worte* meint. In Europa kennen wir hierfür keine entsprechenden Begriffe.

Sind Gefühle angeboren oder anerzogen?

Diese Frage wird mir in Seminaren immer wieder gestellt. Angesichts des zunehmenden Einflusses der Genforschung auf unsere Gesellschaft ist sie zweifellos berechtigt. Aber die Fragestellung ist falsch, denn nicht das Oder ist entscheidend sondern das Und: Denn das limbische System entsteht wie jeder andere Teil des Gehirns durch den zweifachen Einfluss von Genen und Umwelt. Das heißt, jedes Kind bringt bei Geburt sein Temperament, also eine eigene, unverwechselbare emotionale Anlage mit. Im Laufe seiner Biografie wird diese Anlage von vielen Umweltfaktoren, seinen Eltern, seinen Geschwistern usw. beeinflusst. Erst aufgrund dieser einmaligen Mischung von Genen und Umwelt etabliert und struktiert sich unsere *Gefühlszentrale*, das limbische System. Das heißt: Der emotionale Typus bzw. das *Temperament* des Kindes ist angeboren; die emotionale Weiterentwicklung zu einer *Persönlichkeit* ist sozial erworben. Ersteres ist also ein Produkt des unteren limbischen Systems während das komplexe Gefühlsleben einer heranreifenden Persönlichkeit das Produkt der höher entwickelten limbischen Funktionen ist. Auch wenn die Zuordnung der Gefühle zu Körperreaktionen weitgehend angeboren[81] ist, so gibt es für uns als Pädagogen noch genügend zu tun. Denn über den Kern angeborener Gefühle hinaus gibt es selbstverständlich viele emotionale Reaktionen, die individuell und sozial vermittelt sind. Und außerdem müssen wir alle von Kindesbeinen auf lernen, wie wir auch unsere angeborenen Gefühle steuern und auf die unserer Mitmenschen reagieren. Und „ein Sonnenkind ist daher, wer früh den Umgang mit seinen Gefühlen gelernt hat."[82]

Über die Bedeutung der ersten drei Lebensjahre ist viel debattiert worden. Eines ist jedoch sicher: Diese Zeitspannne ist prägend für die Persönlichkeit, denn sie ist gekennzeichnet von vielen sensiblen Perioden, *Zeit- oder Entwicklungsfenstern*, in denen das Kind aufgrund genetisch gesteuerter Prozesse besonders empfänglich ist für Umweltreize. Der Verhaltensphysiologe Gerhard Roth[83] geht davon aus, dass die Einflüsse in dieser Lebensphase „ ... sich in das Zentralnervensystem einprägen wie ein Stempel in den Siegellack. Im strengen Sinne genetisch determiniert scheint die Persönlichkeit zu 40 bis 50 Prozent zu sein; ca. 30 bis 40 Prozent gehen auf das Konto von Prägungs- und Erlebnisprozessen im Alter zwischen 0 und 5 Jahren. Nur zu etwa 20 Prozent scheint die Persönlichkeitsstruktur durch spätere Erlebnisse und durch elterliche und schulische Erziehung beeinflusst zu werden. Allgemein scheint zu gelten, dass eine Person eher *ausreift*, als dass sie sich aufgrund von Umwelterfahrungen *in ihrem Kern* ändert."
Unter Experten wird heftig diskutiert, wie lange wir uns formen und formen lassen. Eines ist klar: Wir haben nicht beliebig lange Zeit, unsere Persönlichkeit, unseren Charakter[84] unsere emotionale Intelligenz auszubilden. Pessimisten sagen, mit drei Jahren ist alles gelaufen, Optimisten geben noch ein paar Jahre drauf. Wer aber glaubt, sich als Erwachsener in seinen emotionalen Grundstrukturen noch verändern zu können, irrt sich gewaltig.

Wie entwickelt sich das emotionale Gehirn?

In den letzten Wochen vor der Geburt nimmt das limbische System als Bewertungszentrale des Gehirns seine Arbeit auf. Dabei stehen Körper und Gehirn sowohl des Fötus als auch der Mutter über den Blutkreislauf in enger Verbindung. Mütterliche Botenstoffe wirken also auf das fötale Gehirn ein und transportieren die Informationen über die Gefühlslage der Mutter. Wir wissen heute, dass das ungeborene Kind bereits die Sprache seiner Mutter erlernt und zwar insbesondere ihre emotionale Tönung. Wenn es zur Welt kommt, dann gleicht sein Gehirn einer riesigen Baustelle, auf der präzise und rasant gearbeitet wird: In Spitzenzeiten entstehen im Gehirn des Babys ca. zwei Millionen neue Nervenverbindungen pro Sekunde! Die ersten Meilensteine der emotionalen Intelligenz stehen in unserer *Gefühlszentrale*, dem limbischen System. Es entwickelt sich von unten nach oben. Der Säugling bringt zur Geburt ca. 50 % seiner emotionalen Strukturen mit, nämlich die untere Hälfte des limbischen Systems. Nochmals zur Erinnerung: Der untere Teil ist für den körperlichen Ausdruck der Gefühle und der obere Teil für die bewusste emotionale Erfahrung zuständig. Der Mandelkern ist zu diesem Zeitpunkt weit ausgebildet, seine Verbindungen zu vielen Teilen des Gehirns funktionieren. Der obere Teil des limbischen Systems entwickelt sich jedoch wesentlich langsamer, denn das Bewusstsein eigener Gefühle setzt voraus, dass sich die Neuronen des präfrontalen Kortex vernetzt haben. Dies geschieht Schritt für Schritt: Das erste Vernetzungssystem entsteht im Laufe der ersten beiden Lebensjahre. Dann folgt eine sehr lange Phase – vom 2. Lebensjahr bis zur Pubertät – , in der die Zellen ihre Kontaktstellen (Synapsen) selektieren und optimieren. Die Neurobiologin Lise Eliot[85] nennt dies die „lange Zeit der synaptischen Feinabstimmung", bei der die Umwelteinflüsse und die Lebenserfahrungen eine große Rolle spielen. Dies ist die prägende Phase der emotionalen Intelligenz eines Kindes.

Erst sechs Monaten nach der Geburt werden wir wirklich kommunikativ. Denn jetzt zündet die nächste Stufe im Gehirn: Die Stirnlappen. Jetzt erst kommt es zur ersten wechselseitig empfundenen Beziehung meist mit der Mutter. Jetzt vermag das Kind einzuteilen in nah und fern, in vertraut und fremd. Unmittelbar nach der Geburt ahmt der Säugling die Mimik und Gestik seiner Bezugspersonen nach. Dies ist der Beginn seiner emotionalen Lernlaufbahn. Übrigens: Forscher haben festgestellt, dass Säuglinge in allen Kulturen zwischen der vierten und achten Woche zu lächeln beginnen. „Das soziale Lächeln ist wahrscheinlich der universalste aller Meilensteine in den Entwicklung des Menschen."[86] Die mit dieser frühen Mimik einhergehenden Gefühle kann der Säugling aber erst tatsächlich empfinden, wenn der obere Teil des limbischen Systems seine Arbeit aufgenommen hat. Das heißt, die Forschung geht davon aus, dass z. B. das erste Lächeln empfindungsfrei und eher ein Reflex ist, um sozial zu interagieren. Und noch etwas haben interkulturelle Studien festgestellt: Alle Säuglinge dieser Welt verbindet das Bedürfnis nach Anhänglichkeit und die Angst vor Fremden. Die Bindung zu einer Bezugsperson[87] scheint also in unserem emotionalen Gehirn vorprogrammiert zu sein. Die verlässliche Bindung ist wiederum für die gesunde Entwicklung des limbischen Systems bedeutsam. Eine Ausnahme bilden autistische Kinder (→ Wissenswertes über Autismus, S. 68). Alle Säuglinge beherrschen die *Kunst der ständigen Nähe*; sie verstehen es, ihre Bindungsperson lachend, schreiend oder weinend auf sich aufmerksam zu machen. Dieses emotionale Repertoire macht sie lebensfähig. Daher ist es existentiell wichtig, dass Säuglinge ihre Mutter mit möglichst vielen Sinnen rasch erkennen. In den ersten Tagen nach

der Geburt können sie die Stimme und den Geruch der Mutter unterscheiden und etwas später auch die der weiteren Familienmitglieder.
Die frühesten Gefühle sind Glück, Traurigkeit, Wut und Angst. Mit steigendem Alter wird die Gefühlspalette immer komplexer. Soziale Gefühle wie Scham oder Peinlichkeit tauchen etwa im Alter von 5 Jahren auf. Schuldgefühle, die eine stärkere Denkbeteiligung erfordern, kommen erheblich später. So sind die Grundzüge der Persönlichkeit in der Kindheit schon festgeschrieben worden, aber zur endgültigen Fertigstellung braucht das Frontalhirn ungewöhnlich lange. Es reift in der Pubertät[88] und über sie hinaus. Unter dem Einfluss der Sexualhormone taucht das Gehirn zum letzten Mal tief in sein Entwicklerbad ein. Überschüssige Verbindungen im Vorderhirn schmelzen dahin. Millionen bislang nichtisolierter Nervenbahnen werden mit einer Zellschicht ummantelt, die ihre Kurzschlüsse aufhebt. In der Pubertät prallen die reifenden Anstandszellen und die limbischen Impulse mit Getöse auf das Liebe-Sex-Hormon-Karussell. Das Opfer erlebt den unausgewogenen Machtkampf dieser Entwicklung als emotionales Wechselbad.

Die häufig gestellte Frage von Eltern, ob die emotionale Entwicklung von Jungen und Mädchen unterschiedlich verläuft, beantwortet die Neurobiologin Lise Eliot wie folgt:
„Emotionale Unterschiede zwischen den Geschlechtern scheinen ihrem Ursprung nach tatsächlich angeboren zu sein. Natürlich spielt auch die Sozialisation eine Rolle, doch scheint diese den ohnehin unterschiedlichen Entwicklungsverlauf eher zu verstärken."[89] Eliot beschreibt, dass bereits drei Tage alte Mädchen stärker auf die ersten sozialen Reize wie Klang der Stimme, Blickkontakt oder Mimik reagieren als gleichaltrige Jungen. Sie scheinen sozial empfänglicher zu sein, aber Jungen sind das wahre emotionale Geschlecht. Sie verhalten sich quengliger, sind gereizter, erschrecken schneller und sind länger untröstlich. Kurzum: Jungen sind emotional labiler. Dies erklärt vielleicht auch – so meint Eliot – warum Jungen empfindlicher auf eine instabile Mutterbeziehung reagieren als Mädchen. Allerdings warnt Eliot auch davor, alle Abweichungen nur auf das Geschlecht zu beziehen. Schließlich entwickelt sich jedes Kind emotional unterschiedlich und zwar unabhängig von seinem Geschlecht. Unter Umständen unterscheiden sich zwei Mädchen in ihrer Emotionalität stärker voneinander, als ein Junge und ein Mädchen. In dieser Geschlechterdiskussion sollte auch nicht vergessen werden, dass Eltern ihre Töchter und Söhne unterschiedlich behandeln. Studien konnten belegen, dass Mütter ihre Töchter öfter anlächeln, vielleicht auch weil diese dafür

empfänglicher sind als Jungen. Die Väter dagegen neigen häufiger dazu, sich mit den Jungen körperlich zu messen und zu raufen. Also könnte man sagen, dass „die Gene eine jeweils andere Umwelt für die beiden Geschlechter schaffen."[90]

Wie sehr das emotionale Wohlbefinden des Säuglings von der psychischen Situation der Mutter abhängt, konnten vor kurzem Forscher der Universität Heidelberg nachweisen: Jede fünfte Mutter in Deutschland leide nach der Entbindung an einer Depression, und dies hat Folgen für das Kind. Hoffnungslosigkeit und mangelnder Antrieb der Mutter führen dazu, dass kein ausreichender Kontakt zum Säugling aufgebaut werde. Diese langfristige Abweisung könne zu psychischen Schäden, Verhaltensauffälligkeiten und mangelnder Kommunikationsfähigkeit auch weit über das Säuglingsalter hinaus führen. Das Baby reagiere auch körperlich auf das abweisende Verhalten der Mutter und zwar mit steigendem Puls und Blutdruck, aber auch mir erhöhter Ausschüttung des Stresshormons Cortisol.
Die nonverbale Kommunikation zwischen Eltern und Kind in der frühkindlichen Phase ist die Basis für den späteren Spracherwerb. Entwicklungspsychologen und Hirnforscher sind sich einig: Es gibt sie, die sensiblen Zeitfenster, in welchen das menschliche Gehirn besonders empfänglich ist und seine Talente schärft.

Welche Rolle spielen Erwachsene im emotionalen Reifungsprozess?

Die Erkenntnis, dass jedes Kind den emotionalen Zuspruch seiner Bezugspersonen braucht um zu überleben, machte schon im 13. Jahrhundert der Stauferkaiser Friedrich II. von Sizilien. Auf der Suche nach der natürlichen Sprache der Menschheit ordnete er die ersten kontrollierten Versuche der Psychologie an. Kleinkinder wurden – noch bevor sie sprechen konnten – eingesperrt. Sie erhielten zu essen, zu trinken, Kleidung und alles existentiell Notwendige. Die Diener aber durften keinerlei sprachlichen oder emotionalen Kontakt zu den Kindern aufnehmen. Der Kaiser nahm an, dass die Kinder nun beginnen würden, in der gesuchten Ursprache zu reden. Doch das Experiment[91] missglückte auf grausige Art: Alle Kinder starben!
Denn „ein Neugeborenes ist auf Gedeih und Verderb auf seine Eltern angewiesen. Und da seine Existenz davon abhängt, ihre Zuwendung zu bekommen, tut es auch alles, um sie nicht zu verlieren. Es wird vom ersten Tag an all seine Möglichkeiten einsetzen, wie eine kleine Pflanze, die sich nach der Sonne dreht, um zu überleben."[92]

Früher fand das emotional-soziale Lernen im familiären Bereich und der Nachbarschaft statt. Heutzutage haben immer mehr Eltern immer weniger Zeit für ihre Kinder, so dass Vorbilder auch in der Person der Erzieherin oder des Lehrers immer bedeutsamer werden.
Bedenklich angestiegen ist unser Bequemlichkeitsliberalismus nach dem Motto: *Ich misch mich nicht ein, das Kind wird schon wissen, was gut für es ist.* Das weiß es eben nicht! Coolness ist hier falsch am Platz, Kinder sehnen sich nach Einmischung, Zuwendung und Leitlinien. Hermann Hesse[93] drückt dies in seinem Buch *Kinderseele* treffend aus: „Es war ein Stück Leben, dem ich zusah, Leben der Großen, der Erwachsenen ..." Und Platon meinte schon 427 v. Chr., dass ohne das Vorbild der Großen die Tyrannei drohe (→ siehe Seite 175, Kap. 8).

Wenn Sie Kindern etwas geben wollen, das von lebenslanger Bedeutung ist, dann seien Sie ihnen ein gutes Beispiel. Denn: Worte belehren, aber Beispiele reißen mit. Allerdings sollte der Erziehungsstil immer wieder überprüft werden, denn wir praktizieren auch entwicklungshemmende Verhaltensweisen. Mit offener Ablehnung, ständiger Kritik an der Person des Kindes, Ignorierung seiner Wünsche und Bedürfnisse, mangelndem Körperkontakt schaffen wir emotionale Kälte. Mit einem Zuviel an Wärme und überstarker Bindung machen wir das Kind von uns abhängig, engen es ein und verhindern seine emotionale Selbstständigkeit. Wie so oft in der Erziehung liegt in der Mitte die Wahrheit.
Der Sozialwissenschaftler und Amok-Experte Götz Eisenberger[94] sagte in einem Interview nach dem Amoklauf eines Schülers am Erfurter Gymnasium: „Kinder brauchen Erwachsene, die sich ihnen geduldig zuwenden, mit Ernst und mit Respekt, die zur Abgrenzung zur Verfügung stehen. Man kann als Kind doch nur Konturen gewinnen, indem man sich an Erwachsenen abarbeitet, die eine Idee verkörpern, warum es sich lohnt, ein Mensch zu sein." Deshalb sagen Afrikaner: *„Um ein Kind vernünftig großziehen zu können, braucht man ein ganzes Dorf."*
Dabei sollten wir nicht vergessen, dass das Dorf bei uns beginnt. *„Erziehe dich selbst, bevor du Kinder zu erziehen trachtest"*, forderte der polnische Arzt und Pädagoge Janusz Korczak zu Recht. Immer wieder wies er darauf hin, dass Erziehung vor allen Dingen Selbsterziehung und Selbstreflexion bedeutet und es nicht darauf ankommt, keine Fehler zu machen, sondern sie zu erkennen und zu korrigieren – jeden Tag auf's Neue!

Das Kind kommt mit einer genetisch angelegten Schatztruhe auf die Welt, die sich in den ersten fünf Jahren mit nachhaltigen Erlebnissen und Erfahrungen aus Erziehung und Umwelt füllt. Die Schätze sind nur schwer austauschbar, aber es liegt an uns, sie zu mehren und vor

allem zum Glänzen zu bringen, also den Reifungsprozess des Kindes liebevoll, beschützend und lenkend zu fördern.
Wir Eltern, Erzieher und Lehrer neigen dazu, dieses emotionale Wachstum als selbstverständlich anzusehen. Andererseits registrieren wir jede noch so kleinste neue Bewegung oder Wortschöpfung als Meilenstein in der kindlichen Entwicklung. Die folgenden Bausteine der emotionalen Intelligenz werden zeigen, dass das *emotionale Einmaleins* komplexer ist als das mathematische! Am Ende eines jeden Bausteins finden Sie viele interessante Spiele, die Sie mit wenig Mühe und Material sofort im Alltag umsetzen können. Denn „wenn man genügend spielt, solange man klein ist – dann trägt man Schätze mit sich herum, aus denen man später sein ganzes Leben lang schöpfen kann. Dann weiß man, was es heißt, in sich eine warme, geheime Welt zu haben, die einem Kraft gibt, wenn das Leben schwer wird."[95]

Entdecken Sie nun, lieber Leser, Schritt für Schritt bzw. Baustein für Baustein die Welt der emotionalen Intelligenz und dies voller Zuversicht:

„Eltern können alles bereitstellen, was Kinder für Ihre Entwicklung brauchen. Wie ein Gärtner, der seinen Rosenkohl gießt und düngt, auf genügend Sonnenschein hofft und auf die reiche Ernte wartet – der aber nicht davon träumt, dass aus einem Rosenkohl Erdbeeren werden. Sie können wenig falsch machen, solange Sie bereithalten, was Ihr Kind braucht: Herzenswärme, klare Regeln und genügend Spielraum. Daraus erwächst alles weitere."[96]

Erster Baustein

Die eigenen Emotionen kennen lernen und wahrnehmen

Du selbst musst der Wandel sein, den die Welt vollziehen soll.
Mahatma Ghandi

„Die Quelle unserer Leidenschaften ist die Selbstliebe, die mit dem Menschen geboren wird und die ihn nicht verlässt, solange er lebt. Sie ist die Urleidenschaft, angeboren und vor jeder anderen. Da jeder für seine Selbsterhaltung sorgen muss, so ist seine erste und wichtigste Sorge, unablässig darüber zu wachen. Wie könnte er das, wenn er nicht selbst das größte Interesse daran hätte? Das erste Gefühl eines Kindes ist, sich selbst zu lieben."[97]
Schon der Philosoph Jean-Jacques Rousseau (1712 – 1778) erkannte, dass die *emotionale Laufbahn* eines Menschen bei ihm selbst beginnt d. h. mit der Entdeckung und Wahrnehmung seines *Ich*, seines *Selbst* und somit auch seiner eigenen Emotionen.

Wissenswertes aus der Hirnforschung
Bei der Entstehung des *Ich* als Ausgangspunkt aller geistigen und emotionalen Prozesse unterscheidet die Hirnforschung[98] acht Ich- und Bewusstseinszustände:

1. Körper-Ich: Das Gefühl, dass ich einen Körper habe und darin stecke.
2. Verortungs-Ich: Das Bewusstsein, dass ich jetzt an diesem Ort bin und nicht woanders.
3. Perspektivisches Ich: Der Eindruck, dass ich den Mittelpunkt der von mir erfahrenen Welt bilde.
4. Erlebnis-Ich: Das Gefühl, dass ich diese Wahrnehmungen, Gedanken und Gefühle erlebe und nicht etwa ein anderer.
5. Kontroll-Ich: Das Bewusstsein, dass ich meine Gedanken und Handlungen verursache und kontrolliere.
6. Autobiografisches Ich: Die Überzeugung, dass ich eine Kontinuität habe und diejenige Person bin, die ich gestern war.
7. Selbstreflexives Ich: Die Möglichkeit, über mich selbst nachzudenken.
8. Ethisches Ich: Das Gefühl, dass es eine Instanz in mir gibt, die mir sagt, was ich tun und lassen soll.

Für Neurologen ist diese Unterteilung der Ich-Zustände bedeutsam, denn sie können bei Hirnverletzungen oder -erkrankungen unabhängig voneinander beeinträchtigt sein. Keine Sorge, wir erleben sie in der Regel als ein zusammenhängendes Ich.

Zu keinem Zeitpunkt des Lebens werden wir von unseren Gefühlen so stark bestimmt, wie in der frühen Kindheit. In wenigen Minuten kann die Stimmungspalette eines Säuglings vom Quengeln, über lauthalses Schreien zum quietschenden Lachen wechseln. Die Neurologin Lise Eliot[99] nennt daher die frühen Jahre eine „lange emotionale Achterbahn". Um diese optimal meistern zu können, braucht das Kind nach Ansicht des Psychologen Daniel Goleman[100] „die Fähigkeit, seine Gefühle laufend zu beobachten. Diese ist entscheidend für die psychologische Einsicht und das Verstehen seiner selbst. Wer die eigenen Gefühle nicht zu erkennen vermag, ist ihnen ausgeliefert. Wer sich seiner Gefühle sicherer ist, kommt besser durchs Leben, erfasst klarer, was er über persönliche Erfahrungen wirklich denkt, von der Wahl des Ehepartners bis zur Berufswahl."
Daher widmet sich Golemans erster Baustein der Fähigkeit des Menschen, seine Emotionen und Stimmungen kennen zu lernen, zu akzeptieren, zu verstehen und ihre Wirkung auf andere einzuschätzen. Denn „nur wer die Skala seiner Gefühle kennt, kann sich entscheiden, was er zulässt."[101] Im Mittelpunkt stehen emotionale Selbstwahrnehmung und Selbstbewusstheit der eigenen Gefühlswelt und der damit verbundenen Schwächen und Stärken. Aber diese Selbstbewusstheit fällt nicht vom Himmel; sie entwickelt sich allmählich, wobei die aktuelle Forschung[102] von vier Entwicklungssträngen ausgeht:

1. Das Kind lernt Ich von Nicht-Ich zu unterscheiden

Zu Beginn der Ich-Entwicklung lernt das Kleinkind seinen eigenen Körper von Dingen und Lebewesen seiner Umwelt zu unterscheiden. Es erfährt seine körpereigenen Wahrnehmungen anders als die Wahrnehmung von Dingen und Ereignissen. Ab dem dritten Lebensmonat kann das Kind sein Gesicht von fremden Gesichtern unterscheiden und ab dem fünften Monat eigene von fremden Gliedmaßen. Im sogenannten Rouge-Test[103] konnte nachgewiesen werden, dass ein Kleinkind zwischen 15 und 24 Monaten sich selbst im Spiegel erkennen kann. In dieser Phase erobert es sich seinen Körper als Mittelpunkt der Welt, als Grundlage für sein egozentrisches Weltbild. Der klassische Spiegeltest, den Gordon Gallup[104] entwickelte, zeigt, wie weit das Kind mit seiner Selbsteinschätzung ist. Dem Kind wird ein roter Punkt auf Nase oder Stirn gemalt und nun testet man seine Reaktion vor dem Spiegel. Ein neun- bis zwölfmonatiges Kind freut sich über sein Spiegelbild; erst mit 15 Monaten jedoch versucht es, mit der Hand den Punkt zu berühren. Nun beginnt die Zeit in der es gerne Grimassen schneidet, die Zunge herausstreckt und sich köstlich darüber amüsiert, sein Gesicht am Rande des Spiegels verschwinden und wieder erscheinen zu lassen. Als Kleinkind erwirbt es durch Nachahmung ein Instrumentarium von Gesichtsausdrücken und Gesten, mit denen es sich später verständlich machen kann.

2. Das Kind entwickelt ein Bewusstsein über die eigenen Handlungen

Ab dem dritten bis vierten Lebensmonat nimmt das Kind seine eigene Handlung als eine unter vielen möglichen Handlungen wahr. Es beginnt Handlungspläne auszuprobieren und die eigene Reichweite in der Umgebung zu erkunden. Alle Eltern kennen diese Phase, in der sie sich ständig bücken müssen. Denn jetzt hat das Kind große Freude daran, Dinge hinunter zu werfen, um zu beobachten, ob überhaupt und wann wer sie dann aufhebt.

3. Das Kind nimmt sein Selbst in der Kommunikation wahr

Schon kurz nach der Geburt sucht das Kind Kontakt und Wege der Kommunikation. Es fixiert zunächst einmal die mütterlichen Augen. Zwischen dem zweiten und dritten Lebensmonat lächelt es Personen und auch Gegenstände an. Mit drei bis vier Monaten beginnt es, sich situationsgebunden zu verhalten. Zum Beispiel folgt es der Blickrichtung der Bezugsperson. Das heißt: Es beginnt nunmehr zu verstehen, dass andere Personen eigene Wahrnehmungen, Gedanken und Intentionen haben. In dieser Phase lernt es auch, menschlich hervorgerufene Bewegungen z. B. Zeigen und Greifen von künstlichen Bewegungen zu unterscheiden.

4. Das Kind entwickelt sein sprachlich-soziales Ich

Das erwachende neue Selbstbewusstsein hängt eng mit dem Spracherwerb zusammen. Im Mutterleib erlernt das Kind bereits die mütterliche Stimme. In vielen Tests konnte nachgewiesen werden, dass das Neugeborene die mütterliche Stimme bevorzugt und zwar dergestalt wie es sie im Mutterleib als Fötus vernommen hat. Während der ersten beiden Monate baut es seine Fähigkeit, Sprachmelodien (Prosodie) zu erkennen, weiter aus. Zwischen dem vierten und sechsten Monat spricht es erste Vokale aus und ab dem neunten Monat die ersten Konsonanten. Es folgt die Phase des Lallens mit zweisilbigen Lauten wie mama, lala. Zwischen dem achten und zwanzigsten Monat spricht das Kind schließlich seine ersten Wörter. Nun hat es eine wichtige Stufe der Kommunikation erreicht; es vermag Gesten und Laute durch Worte zu ersetzen. Mit achtzehn Monaten verfügt es über einen Wortschatz von ca. 50 Wörtern und im vierundzwanzigsten Monat von ca. 200 Wörter. Jetzt spricht das Kind in Zwei- und Drei-Wort-Sätzen, und pro Tag erlernt es ca. 9 neue Wörter. In der Mitte des zweiten Lebensjahres wächst der Wortschatz sprunghaft an. Nun lernt es erstmals seine Gefühle auszusprechen und erfährt, dass Worte nicht nur Dinge bezeichnen, sondern auch Gefühle bei Menschen auslösen können. Schließlich formuliert es am Ende des zweiten Lebensjahres die für seine Ichentwicklung so entscheidenen Wörter *ich* und *mein*. Auch wenn es noch nicht weiß, was genau damit gemeint ist, so kann es doch mit diesen kleinen Worten schon große Reaktionen auslösen und auf sich aufmerksam machen.

Diese vier Phasen verlaufen nicht linear aufsteigend, sondern als parallelle Entwicklungsstränge, wobei deutlich wird, wie sehr sich Gefühle und Sprache gegenseitig bedingen: „Worte wurzeln in Haltungen und Emotionen."[105] Die simple Feststellung *„Ich bin Lisa, du bist Felix"* ist der Beginn eines Rollenverständnisses mit wechselseitigem Einfühlungsvermögen. In seiner Sprachentwicklung lernt das Kind desweiteren, dass ein Wort für den einen Menschen dasselbe bedeuten kann wie für den anderen, oder dass es beide ganz unterschiedlich aufnehmen und empfinden können. „Das ist meins", tönt es lauthals aus dem Sandkasten, wenn das Liebste – z. B. der Eimer oder der Bagger – vor einer feindlichen Übernahme geschützt werden soll. Beide *Kontrahenten* begreifen nun, dass das kleine Wort *meins* eine große Welt impliziert: Es drückt die Gefühle des Gegenübers aus und lässt ihn diese Gefühle aus eigener Erfahrung innerlich nachvollziehen. Was für uns so simpel klingt, ist für das Kind ein Riesenschritt! Es macht drei wichtige Lernerfahrungen, die der britische Psychoanalytiker Peter Hobson[106] anschaulich beschreibt. Das Kind hat gelernt:

„Erstens, dass es Perspektiven gibt und dass sie von Menschen eingenommen werden; zweitens, dass es selbst ein Mensch mit einer Perspektive ist, die sich von den Perspektiven anderer unterscheiden kann; drittens, dass es die Möglichkeit hat, in die Perspektive eines anderen zu wechseln und dabei sogar die eigene Perspektive beizubehalten."

Durch die Entdeckung der *Mein-und-Dein-Welt* entsteht was Psychologen als *Bonding* bezeichnen, nämlich das Bindungsverhalten zwischen dem Kind und seinen Eltern, seinen Geschwistern und anderen für ihn wichtigen Personen. Das Kind verlässt allmählich seine egozentrische Sicht der Welt; es kann nun sein Handeln auf die Perspektive eines anderen Menschen abstimmen. Dies ist das Fundament für eine erfolgreiche Kontaktaufnahme und Kommunikation.

Das Fundament der emotionalen Kommunikation entsteht in der frühen Mutter-Kind-Bindung, wobei neuere Studien nachweisen konnten, dass eine stabile Bindung nicht nur durch die leibliche Mutter entsteht. Wichtig ist eine kontinuierliche und zuverlässige Bezugsperson. Hier wächst allmählich eine für die spätere Persönlichkeit wichtige Harmonieerfahrung zwischen dem kindlichen Bedürfnis nach Geborgenheit und seinem Erkundungs- und Freiheitsdrangs. Hier werden die Waagschalen der altbewährten Sicherheit und der Drang nach dem fremden Neuen ausgependelt. „Die bedingungslose Gewissheit *‚Ich weiß, wo ich hingehöre und wohin ich auch in der extremsten Situation immer wieder zurückkehren kann'* – diese Erfahrung ist die entscheidende Voraussetzung dafür, dass sich Urvertrauen bilden kann."[107]

Das Kennenlernen der eigenen Gefühle geht auch einher mit dem Kennenlernen der eigenen Körperteile, des Körperausdrucks, des Muskeltonus, des Erlebens von Bewegung und Entspannung. Der Erziehungswissenschaftler Peter Struck[108] erklärt, wie bedeutsam der Körperkontakt für die kindliche Entwicklung ist: „Kinder, die zu selten angefasst und gestreichelt werden, die mit einem Mangel an emotionaler Nähe aufwachsen, können selbst nicht zärtlich sein und plötzliche Nähe nur schwer ertragen." Kinder brauchen daher viele Kuschel- und Schmuseeinheiten, sie wollen auf dem Schoß sitzend gestreichelt, gedrückt und geküsst werden, sie wollen sich und den anderen beim Toben und Balgen spüren. Erst wenn sie ein breites Spektrum an eigenen Gefühlen entwickelt haben, können sie sich selbstbewusst dem „Abenteuer der Begegnung"[109] stellen.

Ein Abenteuer, auf das sich nicht alle Kinder einlassen können. Autisten nehmen ihre eigenen Gefühle nur schwer wahr und sind daher unfähig die Gefühle anderer zu verstehen, einzuordnen und darauf zu reagieren. Für einen Autisten gleicht die Gefühlswelt einem Urwald, durch den er sich mit dem Buschmesser einen Weg bahnen muss. Das Buschmesser ist sein Verstand d. h. ein Autist vermag Gefühle nur zu rekonstruieren, er empfindet sie nicht wirklich. Für ihn wird Einfühlungsvermögen zum akademischen Training. Aber Gefühle kann man nicht auswendig lernen. Autisten sind nicht in der Lage, ihre Stimmungen auf andere Menschen abzustimmen. Der emotionale Kontakt zu ihren Mitmenschen bleibt ihnen versagt. So zitiert der Psychiater Donald Cohen[110] einen autistischen Mann: „Ich wusste wirklich nicht, dass es Menschen gibt, bis ich sieben Jahre alt war. Dann wurde mir plötzlich klar, dass es Menschen gibt. Aber nicht so, wie das Ihnen klar ist. Ich muss mir immer noch in Erinnerung rufen, dass da Menschen sind. Ich könnte nie einen Freund haben. Ich weiß eigentlich wirklich nicht, was ich mit anderen Menschen anfangen soll."

Traurig muss es sein, in sich selbst eingeschlossen zu sein wie in einem dunklen Keller, so meinen wir. Aber der Autist Axel Brauns[111] belehrt uns eines Besseren: „Aus meiner Sicht ist Autismus eher wie eine Sommerresidenz", sagt er. Er fühle sich nicht krank und benötige keinen Therapeuten. Humorvoll berichtet er von den typischen Missverständnissen, die Autisten ständig erleben. Als Kind hätte er mit der Sprache wenig anfangen können, Gespräche wären für ihn vielmehr *Geräusch* und *Lippenlärm*. Von anderen Menschen hätte er keine konkreten Vorstellungen; er sähe sie nur als neblige Schatten, die er *Buntschatten und Fledermäuse* (Titel seines Buches) nenne.

Wissenswertes aus der Autismus-Forschung

Die Medizingeschichte des Autismus begann 1943, als zunächst der Harvard-Kinderpsychologe Leo Kanner und im folgenden Jahr der Kinderarzt Hans Asperger die Merkmale der Störung beschrieben. Nach Ansicht des britischen Psychoanalytikers und Autismus -Experten Peter Hobson[112] handelt es sich um „ein seltenes Krankheitsbild, das bei weniger als einem unter tausend Kindern und ungefähr dreimal so häufig bei Jungen wie bei Mädchen auftritt. Die Symptome sind: eine tiefgreifende und charakteristische Beeinträchtigung in zwischenmenschlichen Beziehungen; eine schwerwiegende Einschränkung der Kommunikationsfähigkeit, die oft auch sprachliche Anomalien einschließt; ungewöhnliche monotone Verhaltensweisen und Rituale." In vielen Fällen hinken Autisten in ihrer geistigen Entwicklung hinterher, doch mehr als jeder fünfte Betroffene ist ganz normal intelligent. Diese gelten als *hochfunktionelle Autisten*, und Ärzte fassen ihre Symptome unter der Bezeichnung Asperger-Syndrom zusammen. Aber selbst Autisten mit verminderter geistiger Leistungsfähigkeit verfügen oft über *Inselbegabungen*, also Bereiche, innerhalb derer ihre Fähigkeiten kaum beeinträchtigt sind. In seltenen Fällen erreichen sie sogar Spitzenleistungen z. B. in Musik oder Mathematik. Früher gab man den Müttern die Schuld am Autismus ihrer Kinder. Heute wissen wir, dass Umweltfaktoren bei dieser Krankheit eine geringe Rolle spielen. Verantwortlich sind vielmehr die Gene, auch wenn es den Forschern noch nicht gelang, die Rolle eines bestimmten Erbfaktors eindeutig nachzuweisen.

Was Pädagogen beherzigen sollten

- Die Eintrittskarte in eine gesunde emotionale Entwicklung ist das einfühlsame Elternhaus. Hier beginnt – schon in den ersten Lebensmonaten – die Suche des Kindes nach emtionalem Einklang mit sich und seinen Bezugspersonen. Nehmen Sie sich in dieser Phase viel Zeit für mimische Wechselspiele, für das Zulächeln, für aufmunternde Laute, für liebevolle Gesten und Streicheleinheiten.

- Denken und Sprechen werden auch von emotionalen Bindungen gestaltet. Der liebevolle Ton macht die Musik. Alle Kleinkinder sehnen sich nach rhythmischen Versen und Liedern z. B. vor dem Schlafengehen.
- Lassen Sie ein Baby nicht schreien, damit es lernt, allein klar zu kommen. Das kann es noch nicht, stattdessen wird es sich hilflos und verlassen fühlen.
- Reagieren Sie rasch aber angemessen auf die Bedürfnisse des Kindes nach Essen, Schlafen und vor allem nach Nähe. Aber überschlagen Sie sich nicht, denn Studien belegen, dass Babys von übertrieben aufmerksamen Müttern eine weniger stabile Mutterbeziehung haben als Kinder von nicht ganz so selbstlosen Müttern.
- Geben Sie Kindern viel Bewegungsfreiheit, damit sie ein gutes Körpergefühl entwickeln.
- Gestehen Sie dem Kind zu, das allein zu machen, was es kann z. B. Treppe hochklettern. Wenn das Spielzeug mal zu weit liegt, geben Sie ihm einen Besenstiel. So erfährt es, dass sie ihm etwas zutrauen und wird antriebsstark.
- Respektieren Sie das Kind vom ersten Tag seines Lebens an, dann brauchen Sie ihm niemals Respekt beizubringen. Auch bei Unmut und Strafe sollte es immer noch das Grundgefühl haben, von Ihnen geliebt zu werden. Vermeiden Sie daher den Satz: *„Du bist dumm!"* Sagen Sie lieber: *„Du verhälst dich dumm"*. So verletzen Sie nicht sein noch sehr empfindliches Selbstwertgefühl.
- Machen Sie Kinder auf ihre Fortschritte aufmerksam: *„Wunderbar, wie du das jetzt kannst! Habt ihr das beobachtet? Wie hast du das geschafft?"* Wenn wir unseren Blick auf die Stärken des Kindes lenken, dann stärken wir sein Selbstbewusstsein und machen es psychisch widerstandsfähig. Leider fördern Schulen häufig das Gegenteil: Hier konzentriert man sich vorwiegend auf die Fehler und das Nicht-Können.
- Kinder brauchen Erwachsene, die ihre Gefühle ernst nehmen und wertschätzen, denn sie verdienen den gleichen Respekt wie die Gefühle der Erwachsenenwelt. Ein Dreijähriger kann über den Verlust eines Teddys ebenso trauern wie wir über den Verlust eines geliebten Menschen. Sollte Ihnen die Verhältnismäßigkeit merkwürdig vorkommen, dann versetzen Sie sich kurz in seine Lage: Der Teddy ist ihm ein wichtiger Vertrauter, dem er im Arm liegend alles erzählen kann und der alles versteht! Und da soll man nicht traurig sein, wenn dieses Wesen verloren geht?

Spiele, Spiele, Spiele

1.1 Ene Mene, Miene!

Ab dem dritten Lebensmonat gibt es für ein Kind kaum etwas Lustigeres als ein wechselhaftes Mienenspiel. Auf Ihrem Schoß sitzend oder auf dem Rücken liegend beobachtet es Ihre Gesichtsmimik und hat einen Riesenspaß daran, die Palette der Grimassen vom Wangenaufplustern, Naserümpfen, Lächeln bis hin zum Zungerausstrecken nachzuahmen. Dieses mimische Spiel zeigt dem Kind, dass Sie seine Äußerungen und Gefühle beachten und darauf reagieren. Gönnen Sie sich täglich diese Minuten der innigen Aufmerksamkeit und des großen Glücks in der kleinen Geste.

Tipp

Sollte sich das Kind mal über eine Grimasse erschrecken, dann lächeln Sie es beruhigend an. Übrigens: Witzige Worte vertragen sich gut mit Grimassen, wenn Sie jedesmal vor Spielbeginn dem Kind „Ene mene, Miene" ins Ohr flüstern, wird es vor Vergnügen quietschen.

Variante

Mit wachsendem Alter nimmt das Bedürfnis nach Zärtlichkeit nicht ab. Im Gegenteil, Kinder brauchen täglich die Zuversicht, geliebt zu werden und wollen dies auch körperlich spüren. Aus *Ene Mene, Miene* können später andere Schmuserituale zu Hause oder im Kindergarten entstehen z. B. die morgendliche Kuschelminute oder die abendliche Schmusezeit.

Alter	ab 3 Monate bis 10 Monate
Zeit	5 Minuten
Sozialform	Paarspiel

1.2 Liebe Schnecke, komm heraus!

Wer hat sich nicht als Kind schon mal klein, unbedeutsam und von allen Ansprüchen überfordert gefühlt? Das ist der Augenblick, wo man sich am liebsten in ein Schneckenhaus verkriechen möchte, um Schutz vor dem Trubel der Welt zu suchen. In einer kleinen Traumreise können Sie Kindern diesen Schonraum zur Wahrnehmung ihrer Gefühle bieten: „Kauert euch gemütlich auf die Erde, steckt den Kopf zwischen eure Knie, macht den Rücken ganz rund, legt eure Hände schützend auf euren Kopf und schließt die Augen. Stellt euch vor, ihr wäret eine kleine Schnecke, die sich in ihr Häuschen verkriecht, um Schutz zu suchen. Nun atmet ganz tief und ruhig. Ihr spürt wie ein lieber Mensch euch in den Arm nimmt. In seinen Armen entspannt sich jeder Muskel eures Körpers, ihr werdet ganz weich und euer Kopf ist leicht. Die Wärme des Schneckenhäuschens zieht bis in eure Fußspitzen. Ein warmes, wohliges Gefühl macht sich überall in euch breit. Nun fühlt ihr euch gestärkt, um wieder voller Neugier aus eurem Schneckenhäuschen herauszukommen. Behutsam streckt ihr – wie eine Schnecke ihre Fühler – eure Arme ganz langsam nach oben. Auch euer Körper wird lang und länger; langsam öffnet ihr die Augen. Vielleicht gelingt es euch, dabei ein kleines Lächeln auf euer Gesicht zu zaubern."

Tipp

Mit dieser Traumreise lernen Kinder auf einfühlsame Weise, Schutz und Ruhe zu finden, um ihre eigene Gefühlswelt wahrzunehmen. Darüberhinaus erfahren sie, wie man durch mentales Training angenehme Gefühle hervorrufen kann. Selbstverständlich bleibt es dem Spielleiter überlassen, Worte und Situationen zu wählen, die der monentanen Situation der Kinder entsprechen.

Variante

Diese Übung hilft Kindern auch im stressigen Schulalltag Ruhe und Besinnung zu finden. Anstatt auf der Erde kauern sich die Kinder als kleine Schnecke diesmal mit dem Oberkörper auf ihren Tisch.

Alter	ab 3 Jahre bis Ende der Grundschulzeit
Zeit	ca. 5 Minuten
Sozialform	Einzelspiel

1.3 Der Stimmungswürfel

Bevor es ans Spielen geht, basteln die Kinder zunächst in Gemeinschaftsarbeit einen Würfel z. B. aus Schaumstoff und bekleben seine Seiten mit Gesichtern, die verschiedene Gefühle darstellen (z. B. Wut, Freude, Angst, Trauer ...). Nun würfelt jedes Kind einmal, benennt das jeweilige Gefühl und stellt es mit seiner Körperhaltung, mimisch, gestisch und mit Lauten dar. Eine Diskussion, wie andere Kinder das Gefühl dargestellt hätten, ist anschließend ratsam.

Tipp

Solche Stimmungswürfel gibt es auch im Handel aus Holz zu kaufen.

Variante

Ein oder mehrere Kinder können geheim würfeln. Bei der anschließenden Vorführung des Gefühls dürfen alle mitraten. Der erste, der das Gefühl richtig benennt, darf als nächster würfeln. Dieses Spiel macht den Kindern auch als Paarspiel große Freude. Dann gibt es wechselweise einen Darsteller und einen Rater.

Alter	ab 2 bis 6 Jahre
Zeit	10 Minuten
Sozialform	Gruppen- oder Paarspiel
Material	1 Stimmungswürfel

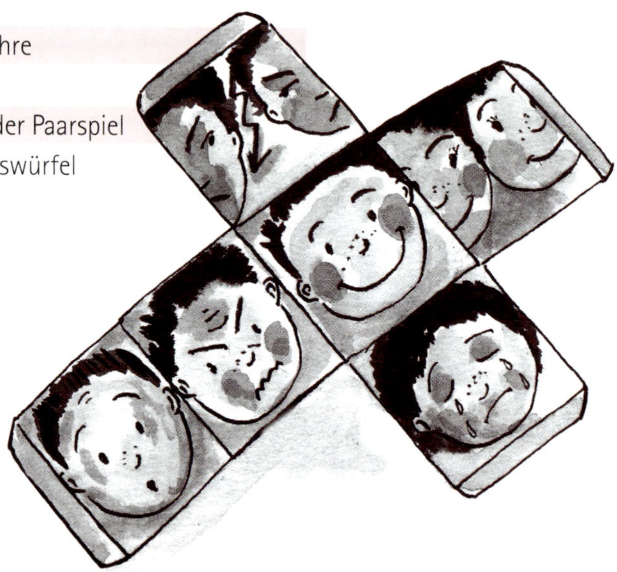

1.4 Der weise Flaschengeist

Wer kennt ihn nicht, den guten Flaschengeist aus dem Märchen, der jeden Wunsch erfüllen kann? Die Kinder sitzen im Kreis auf der Erde. Diesmal geht's beim Flaschendrehen um Gefühle. Die in der Mitte liegende leere Flasche wird kräftig gedreht. Wenn sie ausgedreht hat, zeigt ihr Flaschenhals auf ein Kind. Nun erklärt der Spielleiter mit tiefer, wohliger Stimme: „Öffne den Korken und befreie mich aus der Flasche. Danke! Ich bin der große, weise Flaschengeist. Ich mach mich breit in deinem kleinen Herzen. Jetzt kannst du mir alles erzählen, was dich froh oder traurig macht. Nun sag mir, wie fühlst du dich jetzt?" Jetzt beschreibt das Kind sein augenblickliches Gefühl. Immer antwortet der Flaschengeist: „Oh, das kann ich sehr gut nachfühlen!" Beschreibt das Kind ein positives Gefühl, dann antwortet er immer: „Dann lass uns dafür sorgen, das dein Gefühl ganz lange bei uns bleibt!" Sagt das Kind z. B. etwas Trauriges, dann hakt der Geist nach und fragt: „Nun sag uns doch warum du dich so fühlst, vielleicht können wir dir helfen."

Variante

Wenn die Kinder das Spiel gut kennen, ist es möglich, dass sie alle die Rolle des Flaschengeistes übernehmen, seine Worte sprechen und nach Lösungen suchen.
(Im Baustein 4, auf S. 122 finden Sie als weitere Spielvariante „Der gefühlvolle Flaschengeist".)

Alter	ab 3 Jahre bis Ende der Grundschulzeit
Zeit	10 – 20 Minuten
Sozialform	Gruppenspiel
Material	1 leere Flasche mit Korken

1.5 Das sinnliche Gesicht

„Wisst ihr, dass man in einem Gesicht lesen kann wie in einem Buch? Dort stehen zwar keine Worte aber viele verschiedene Empfindungen." Der Spielleiter teilt die Kinder in fünf Sinnes-Gruppen (Sehen, Hören, Riechen, Schmecken, Tasten) und erklärt: „Jede Gruppe erhält gleich von mir ein Blatt mit verschiedenen Aufgaben. Lest sie genau durch und versucht sie lautlos mimisch – also nur mit dem Gesicht – darzustellen. Besprecht und einigt euch in eurer Gruppe auf die beste Mimik. Denn gleich werden eure Mitspieler aus den anderen Gruppen erraten müssen, welche Empfindung ihr mimisch darstellt." Nun verteilt der Spielleiter die Aufgabenzettel z. B.:

1. Gruppe – Ich sehe ...

- meine(n) beste(n) Freund(in)
- ein ekliges Monster
- mein totes Haustier
- eine erstaunliche Akrobatiknummer im Zirkus

2. Gruppe – Ich höre ...

- näher kommende bedrohliche Schritte
- fröhliche Musik
- Kinderlachen
- eine traurige Geschichte

3. Gruppe – Ich rieche ...

- ein wohlriechendes Parfüm
- stinkende Socken
- mein Lieblingsgericht

4. Gruppe – Ich schmecke ...

- eine saure Zitrone
- cremiges Eis
- mein Lieblingsgericht
- eine zu heiße Suppe

5. Gruppe – Ich taste ...

- einen Eisblock
- auf eine heiße Herdplatte
- eine wabblige, ekelerregende Masse
- das weiche Fell eines Kaninchens

Variante

Zwei Gruppen stehen aufgereiht mit dem Gesicht zueinander. Der Spielleiter geht zwischen beide Reihen, zeigt aber nur einer Reihe seinen Zettel mit der pantomimischen Aufgabe z. B.

Verliebtsein. Nach dem Lesen dreht sich die Reihe um und konzentriert sich auf die pantomimische Umsetzung. Auf ein Signal drehen sich alle wieder um und zeigen ihre Darbietung. Die gegenüberstehende Reihe errät das Gefühl; das Spiel geht im Wechsel weiter.

Alter	ab 2. bis 5. Schuljahr
Zeit	15 – 20 Minuten
Sozialform	Gruppenspiel
Material	vorbereitete Zettel mit Aufgabenstellungen

1.6 Das ABC der Gefühle

Wer kennt nicht auf die Frage „Na, wie war's?" die Standardantwort von Kindern „Schön!" Eine Zeitlang ist alles schön: der Kindergarten, das Spiel, der Pulli, der Zoobesuch ... Kein Wunder, wem die Worte fehlen, dem mangelt's an interessanten Dialogen! Mit diesem Spiel lernen Kinder viele Adjektive kennen, um ihre Gefühlslage zu beschreiben. Der Spielleiter erklärt: „Mit jedem Buchstaben des Alphabets kann ein Gefühl beginnen. Versucht mindestens ein *Fühlwort* pro Buchstabe zu finden!" Hier einige Beispiele:

albern
besorgt
cholerisch
deprimiert
eifersüchtig
friedlich
genervt
heiter
usw. bis **z**ornig

Tipp

Lassen Sie sich Zeit für diese kleine Übung! Bitten Sie die Kinder, die genannten Gefühle zu erklären: „Was fühlst du, wenn du genervt bist? Wie siehst du dann aus?" Je älter und geübter die Kinder umso differenzierter werden ihre *Fühlworte*.

Variante

Mit jedem Fühlwort können Sätze gebildet werden z. B.: *Meine Mutter ist besorgt, wenn ich nicht pünktlich nach Hause komme.* Möglich ist auch ein Wettspiel zwischen zwei oder mehreren Gruppen: „Welche Gruppe löst die Aufgabe am schnellsten?"

Alter	ab 2. Schuljahr bis Ende der Grundschulzeit
Zeit	10 – 20 Minuten
Sozialform	Einzel- oder Gruppenspiel
Material	Tafel oder Folie mit ABC

1.7 Frau Gräfin, die Pferde sind gesattelt!

Ein Kind spielt eine vornehme Gräfin, die huldvoll im Kreis ihrer Mitarbeiter Platz nimmt. Dann verlässt ein vorher bestimmter Diener den Raum. Draußen erklärt ihm der Spielleiter, welche Gefühlsstimmung (z. B. fröhlich, traurig, wütend) er gleich darstellen soll. Nun klopft der Diener höflich an die Tür, die Gräfin ruft „Herein!" Der Diener geht in der abgesprochenen Stimmung durch den Raum zur Gräfin, verbeugt sich huldvoll und sagt: „Frau Gräfin, die Pferde sind gesattelt." Die Gräfin antwortet: „Gut, Johann, dann lass uns ausreiten." Beide verlassen die Bühne, und die Gruppe rät die dargestellte Gefühlsstimmung. Eine neue Gräfin wird gewählt und die alte Gräfin wird nunmehr zum Diener. Jetzt kann das Spiel von Neuem beginnen.

Tipp

Dieses Scharadespiel macht den Kindern aufgrund der lustigen Rollen und Texte große Freude. Je nach Alter kann der Schwierigkeitsgrad der Aufgabenstellung immer höher gesteckt werden (z. B. schüchtern, respektlos ...). Dann wird die Tonlage des Satzes „Frau Gräfin, die Pferde sind gesattelt!" bedeutsamer.

Alter	ab 4 bis 9 Jahre
Zeit	mind. 20 Minuten
Sozialform	Gruppenspiel

1.8 Das Gefühlepuzzle

Der kindliche Alltag ist voller Erlebnisse, die verschiedene Gefühlsstimmungen hervorrufen. Das ständige Auf und Ab der Stimmungen setzt sich wie ein Puzzlespiel aus vielen *Gefühlsteilen* zusammen. Zu Spielbeginn wird ein Kind als Detektiv vor die Tür geschickt. Unterdessen einigen sich die Kinder auf eine Ereigniskette z. B.: Ein Kind sitzt zufrieden spielend im Sandkasten, ein zweites kommt hinzu und schlägt es, das erste Kind weint und wird anschließend von einem dritten Kind getröstet. Nun entscheidet sich jeder Mitspieler für ein Gefühl, das er darstellen möchte. Jetzt verteilen sich die Kinder wahllos im Raum. Der Detektiv wird hereingerufen und erfährt vom Spielleiter: „Lieber Detektiv, ich brauche deine Hilfe! Diese Kinder haben irgendetwas erlebt, aber ich weiß nicht was. Wenn du sie mit dem Finger antippst, zeigen sie dir ihr Geheimnis. Bitte stell sie in eine richtige Erlebnisreihenfolge."

Tipp

Um anhand der Gestik und Mimik seiner Mitspieler die Ereigniskette zu rekonstruieren, braucht der Detektiv viel Konzentration. Für die erforderliche Ruhe sorgt der kleine Hinweis: „Bitte schweigt und verratet euer Geheimnis erst, wenn euch der Detektiv berührt." Bei großen Kindergruppen und komplexen Ereignisketten ist es ratsam, den Auftrag an zwei oder drei Detektive zu vergeben.

Variante

Dieses Rollenspiel kann auch helfen, ein in der Gruppe problematisches Thema zu vertiefen z. B. mit einer Aggressions-Ereigniskette. Übung macht den Meister: Je öfter die Kinder puzzeln, umso besser werden sie die Kettenreaktion von Gefühlen verstehen.

Alter	ab 3 bis 10 Jahre
Zeit	ca. 10 Minuten
Sozialform	Gruppenspiel

1.9 Mein Freund, der Bär

Verschiedene Gegenstände, die jeweils ein Gefühl repräsentieren sollen, werden in die Kreismitte gelegt. Vorher hat der Spielleiter gemeinsam mit den Kindern vereinbart, welcher Gegenstand welches Gefühl verdeutlichen soll z. B.:

- Blume = sich wohl und glücklich fühlen
- Kissen = müde sein, sich lustlos fühlen
- Teddybär = sich stark fühlen, mutig sein
- Wasserglas = traurig sein
- Stock = wütend und aggressiv sein

Wenn alle Kinder die Bedeutung der Gegenstände kennen, kann das Spiel beginnen. Ein Kind holt sich den Gegenstand seiner Wahl aus der Kreismitte und legt ihn vor sich auf die Erde oder auf den Tisch. Nun berichtet es der Gruppe, warum es sich gerade diesen Gegenstand ausgesucht hat. So geht es reihum weiter.

Tipp

Ein Gegenstand mit Repräsentationsfunktion hilft vor allem schüchternen Kindern, ihre Gefühle in der Gruppe zu äußern. Sie können sich als Person hinter dem Objekt verstecken und z. B. sagen: „Ich bin ein Wasserglas und bin traurig, weil meine Mama heute morgen mit mir geschimpft hat."

Alter	ab 2 bis 6 Jahre
Zeit	ca. 10 Minuten
Sozialform	Gruppenspiel
Material	Gegenstände aus dem Alltag

1.10 Vorhang auf ...

für die großen Gefühle! Doch bevor die Vorstellung beginnen kann, werden Paare gebildet. Jedes Paar schreibt auf einen Zettel eine Gefühlsstimmung auf, zu deren Darstellung zwei Kinder erforderlich sind, z. B. zärtlich sein, miteinander streiten, gemeinsam lachen, jemanden auslachen, neidisch oder eifersüchtig sein. Nun werden alle Zettel in einem Korb eingesammelt und gemischt. Jedes Kinderpaar darf einen Zettel ziehen und erhält ein wenig Bedenkzeit. Mit dem Satz „Vorhang auf für die großen Gefühle!" läutet der Spielleiter die Vorstellung ein. Jetzt bemüht sich jedes Schauspielerpaar, sein Rollenspiel so eindeutig wie möglich zu präsentieren. Das Paar, das als erstes das Gefühl errät, darf als nächstes auf die Bühne.

Variante

Dieses Theaterspiel eignet sich auch, um komplexere Gefühlssituationen, bei denen mehr als zwei Schauspieler erforderlich sind (z. B. Gruppenkonflikte) darzustellen.

Alter	ab 5 bis 10 Jahre
Zeit	10 – 30 Minuten
Sozialform	Paar- oder Gruppenspiel
Material	Zettel, Stifte, 1 Korb

1.11 Wie war ich?

Selbstwahrnehmung und -einschätzung sind für alle Kinder wichtig. Doch dies will geübt sein. Lassen Sie daher die Kinder vor und nach einer Aufgabe, einer Klassenarbeit oder anderen Herausforderungen ihre eigene Leistung einschätzen nach dem Motto: „Wie schätze ich mich vor der Aufgabe ein, und wie habe ich sie tatsächlich gemeistert?" Diskutieren Sie über die getroffenen Selbsteinschätzungen; vergleichen Sie auch eventuelle Unterschiede zwischen Mädchen und Jungen.

Tipp

Das einzelne Kind muss seine Selbsteinschätzung nicht vor allen aussprechen. Es kann sie auch schriftlich festhalten und später modifizieren. Übrigens: In Kinder- und Jugendzeitschriften findet man oft Persönlichkeitstests. Sammeln, vergleichen, diskutieren, hinterfragen und bewerten Sie diese in der Gruppe.

Alter	ab 8 Jahre bis 99 Jahre
Zeit	5 Minuten
Sozialform	Einzelübung

Zweiter Baustein

Emotionen handhaben

Schneller als der Blitz erfüllt das Gefühl meine Seele, aber anstatt mir Klarheit zu schaffen, entflammt und blendet es mich. Ich fühle alles und begreife nichts.
Jean-Jacques Rousseau

Wer seine eigene Gefühlswelt wahrnehmen kann, der vermag noch lange nicht, seine Gefühle so zu handhaben, dass sie angemessen sind. Im zweiten Baustein der emotionalen Intelligenz geht es Goleman[113] daher um die „Fähigkeit, sich selbst zu beruhigen, Angst, Schwermut oder Gereiztheit, die einen beschleichen, abzuschütteln – und was geschieht, wenn man diese elementare emotionale Fähigkeit nicht beherrscht. Wer darin schwach ist, hat ständig mit bedrückenden Gefühlen zu kämpfen, wer darin gut ist, erholt sich sehr viel rascher von den Rückschlägen und Aufregungen des Lebens."

Die Hirnforschung konnte in Tierexperimenten und anhand von Untersuchungen mit Hirnverletzten nachweisen, dass spezielle Regionen des limbischen Systems für bestimmte Gefühlssysteme zuständig sind:

- Das Ärger-Wut-System wird von der Hirnmitte zugewandten Bereichen des Mandelkerns und des Schläfenlappens reguliert.
- Das Furcht-Angst-System entspringt dem Zentrum des Mandelkerns.
- Das Panik-Trauer-System steht mit dem vorderen Gyrus cinguli (einer Windung an der Innenseite der beiden Großhirnhälften) in enger Verbindung.

Das bedeutet aber nicht, dass wir Marionetten sind in einer Gefühlsmaschinerie, auf die wir keinen Einfluss haben. Vielmehr benötigen wir ein starkes Maß an emotionaler Selbstkontrolle und -steuerung, um angemessen auf ein bewusst wahrgenommenes Gefühl reagieren zu können. Hier geht es also um die Fähigkeit, die eigenen Gefühlsschwankungen durch einen inneren Dialog dergestalt zu beeinflussen und zu steuern, dass wir ihnen nicht mehr passiv ausgeliefert sind, sondern aktiv eingreifen können. Jedes Gefühl hat seinen spezifischen Wert und sollte nicht unterdrückt werden. Stattdessen müssen wir den intelligenten Umgang mit allen aufkommenden Gefühlen lernen und dies mit dem Ziel, unsere emotionale Ausgewogenheit und innere Stabilität zu erhalten. Es gilt bedrängende Gefühle in Schach zu halten und ein ausgewogenes Verhältnis zwischen positiven und negativen Emotionen herzustellen. Kinder müssen also lernen, wie sie:

- Wut und Zorn deeskalieren, sich abregen, zornige Gedanken in Frage stellen und neu bewerten können.
- Sorge und Angst durchbrechen, ihre Ursache erkennen und eine kritische Haltung einnehmen können.

- Melancholie und Trauer akzeptieren und vermeiden können, dass sie zu Depressionen eskalieren.

Jedes Kleinkind drückt zunächst seine Gefühle spontan und ohne Hemmungen überall aus. Erst allmählich sieht es seine Gefühle in einem sozialen Kontext. Schritt für Schritt lernt es während des emotionalen Reifungsprozesses, seine mächtigen Gefühlswallungen zu kontrollieren und sie in konstruktive, sozialverträgliche Bahnen zu lenken. Diese Selbstgestaltung und -steuerung ist oft eine Sache von wenigen Zehntelsekunden. Wenn wir in dieser kurzen Zeit nicht erkennen, dass z. B. Trauer oder Wut unangemessen sind, dann können unsere Gefühle eine Eigendynamik entwickeln und uns mit ihren Wellen überschwemmen. Solche Flutwellen verursachen vor allem vier Grundgefühle: Wut, Angst, Traurigkeit und Freude. Alle anderen Gefühle sind Varianten und Mischformen. Im Verhaltensrepertoire eines Säuglings sind die Grundgefühle in den ersten Lebensmonaten gut zu beobachten: Er schreit vor Angst, jammert traurig, läuft vor Wut im Gesicht rot an oder gurrt vor Wonne. In jedem Kind sind diese Grundgefühle veranlagt; wie es sie ausprägt, dies variiert allerdings je nach Kultur und sozialer Umgebung. Und hier sind wir als Pädagogen gefragt. Denn zur erfolgreichen Handhabung seines Gefühlskarussells braucht das Kind unsere kenntnisreiche und vor allem liebevolle Begleitung. Hierzu ein paar Tipps:

Vor Wut platzen

Schon in den ersten Lebensjahren erlebt ein Kind die vielen kleinen Frustrationen des Alltags: Auf etwas warten oder ein kategorisches *„Nein"* aushalten zu müssen. Nicht selten wird es dann von einer Welle der Wut überrollt. Sie kommt spontan, unkontrolliert und kann in einen *Koller* ausarten. Jetzt stellt sich die entscheidende Frage, wie wir als Erwachsene darauf reagieren: Werden wir verlegen und erschrecken, dann nimmt das Kind den Wutanfall als erfolgreiches Mittel in sein Verhaltensrepertoire auf. Bleiben wir dagegen fest entschlossen, ihm alles zu versagen, was es durch einen solchen Koller erreichen will, dann müssen wir kurzfristig lautes Gebrüll und wütendes Stampfen ertragen, aber langfristig erreichen wir eine Verhaltensänderung. Der trotzig schreiende und mit den Füßen stampfende Dreijährige drückt mit seinem Verhalten nur eines aus: *Hilf mir da heraus zu kommen; ich schaffe das nicht alleine!* Er wartet darauf, dass wir ihm eine angemessene Grenze aufzeigen. Bleibt diese immer wieder aus, dann kann sich das verunsicherte, haltlose Kind rasch zum Tyrannen entwickeln. Nach einem Wutkoller sollte sich das Kind wieder beruhigen können, offen und zugänglich sein. Hier gilt es, die richtige Balance – zwischen zu sanft und zu

aggressiv – zu finden. Denn ein Kind, das seine Wut nicht zeigen kann und in sich hinein schmollt, wird von der Gruppe oftmals als Schwächling und Miesepeter abgestempelt.
Es ist vollkommen normal, wenn Kinder im Alter von fünf bis sieben Jahren ein ungesteuertes, impulsives Verhaltensrepertoire haben, das vom Sich-schreiend-auf-dem-Boden-Wälzen bis zum wutschnaubenden Türknallen reicht. Wenn dieses auffällige Verhalten kein Dauerzustand ist und selten aber gezielt auftritt, dann besteht kein Grund zur Sorge. Ständig wutschnaubenden und aggressiven Kindern sollten wir allerdings rasch mit einer gezielten Therapie helfen, bevor sie ins soziale Abseits geraten. Hier ist die Offenheit und Zusammenarbeit von Eltern, Erziehern, Lehrern und Therapeuten gefragt.

Angst essen Seele auf![114]

Wer von uns hat als Kind nicht bei einem furchteinflößenden Geräusch mit angehaltenem Atem wie gelähmt aufrecht im Bett gesessen und entsetzt die Ohren gespitzt? Wer hat nicht schon mal Bauchschmerzen verspürt, als man den Eltern den Fünfer in Mathe beichten musste? Wenn ein Kind Angst empfindet, dann sollte es sich mitteilen, seine Gefühlsregungen benennen, Hilfe und Schutz finden können. Ein liebevolles Gespräch kann Wunder wirken: *Wovor hast du Angst? Welche Auswege gibt es für deine Angst? Soll ich das Licht anlassen, möchtest du dein Kuscheltier?* Auch Mutsteine, Mutgeschichten und -lieder oder Rollenspiele können Kindern wieder Zuversicht in ihre eigenen Kräfte geben.
Allerdings ist es auch wichtig, Kindern zu erklären, dass jeder Mensch Angst hat und dieses Gefühl für sein Überleben wichtig ist. Dabei könnte die anschauliche Geschichte des Neurologen Antonio Damasio[115] helfen, wenn man sie kindgerecht erzählt:

„Das Eichhörnchen in meinem Garten, das auf einen Baum klettert, um sich vor dem unternehmenslustigen schwarzen Kater des Nachbarn in Sicherheit zu bringen, hat über seine Handlungsweise nicht viel nachgedacht. Es hat nicht wirklich überlegt, was zu tun sei, und für jeden der mögliche Fälle eine Kosten-Nutzen-Rechnung angestellt. Es hat die Katze gesehen und hat Reißaus genommen. Nun betrachte ich es, wie es auf dem kräftigen Ast meiner Sumpfeiche sitzt; sein Herz klopft so heftig, dass ich den Brustkasten pumpen sehen kann, und sein Schwanz schlägt im nervösen Rhythmus der Eichhörnchenfurcht. Es ist von dem heftigen Gefühl der Angst heimgesucht worden."

Angst dient auch positiven Zwecken; sie setzt höhere Konzentration und Energie frei, um unseren Organismus in Alarmbereitschaft zu bringen und fluchtfähig zu machen. Wenn uns

die Angst im Nacken sitzt, vollbringen wir sportliche Höchstleistungen und laufen flinker denn je.
Überängstliche Eltern sehen die Welt ihres Kindes durch die Brille *Was nicht alles passieren kann!* Dann werden Rutschbahnen oder Baumhäuser zu gefährlichen Ungetümen, dann machen schmutzige Finger oder Regenwetter krank und dann kann man auch keinem Menschen mehr trauen. So findet eine Angstübertragung von den Eltern auf ihre Kinder statt, die sie ein Leben lang lähmen kann.
Auch häufiger Streit der Eltern kann Kindern Angst machen. In Trennungssituationen neigen Eltern oft dazu, ihren Kindern zu verheimlichen, wie groß die Kluft zwischen den Partnern geworden ist. Sie spielen Theater und sollten aber wissen, dass Kinder wie Seismographen auf Erschütterungen reagieren. Die Angst vor dem Ungewissen und Unausgesprochenen wird für sie zum Damoklesschwert, das alles überschattet. Diese Kinder treten meist überangepasst und vernünftig auf. Dabei würden wenige Erklärungssätze reichen, um ihnen die Angst zu nehmen: *„Du hast sicher schon gemerkt, das Papa und Mama sich nicht mehr so gut verstehen wie früher. Wir suchen nach einem Lösungsweg, der für uns alle gut ist. Unser Streit hat aber nichts mit dir zu tun."*
Angst kann sich auch in übermäßiger Anhänglichkeit ausdrücken z. B. eifersüchtiges Verhalten bei der Geburt des Geschwisterchens. Hier besteht die Angst, dass das Baby bevorzugt und damit alles anders werden könnte. Ganz gleich in welche Nöte das Kind gerät; wichtig ist, dass wir ihm vermitteln *Gemeinsam sind wir stark!* Denn die größte Angst des Kindes besteht darin, nicht geliebt oder nicht so geliebt zu werden, wie es ist. Ein trauriges Beispiel hierfür liefert die Lebensgeschichte des Schriftstellers Hermann Hesse[116] (1877 – 1962). Mit fünfzehn Jahren brachten ihn seine Eltern in eine Anstalt für Geistesschwache und Epileptiker, um seinen bis dahin unbändigen Trotz zu brechen. Noch lange nach seiner Entlassung litt er sehr darunter, den Erwartungen seiner Eltern nicht entsprochen zu haben. Hesse schrieb: „So fern mir die Kindheit steht, und so unbegreiflich und märchenhaft sie mir im ganzen erscheint, so ist mir doch alles genau erinnerlich, was schon damals, mitten im Glück, in mir an Leid und Zwiespalt vorhanden war. Alle diese Gefühle waren damals im Herzen des Kindes schon dieselben, wie sie es immer blieben: Zweifel am eigenen Wert, Schwanken zwischen Selbstschätzung und Mutlosigkeit. Wenn ich alle die Gefühle und ihren qualvollen Widerstreit auf ein Grundgefühl zurückführen und mit einem einzigen Namen bezeichnen sollte, so wüsste ich kein anderes Wort als Angst: Angst war es, Angst und Unsicherheit, was ich in all jenen Stunden des gestörten Kinderglücks empfand: Angst vor Strafe, Angst vor dem eigenen Gewissen, Angst vor Regungen meiner Seele."

Sei nicht traurig! Oder doch?

Im Laufe der Kindheit fließen so manche Tränen. Dies ist auch gut so, denn unterdrücktes Weinen macht nicht etwa stark sondern krank.

So entdeckten Forscher in den 80er Jahren, dass beim Weinen endorphine Substanzen produziert werden, die die Schmerzrezeptoren des Körpers blockieren. Vereinfacht könnte man sagen: Weinen lindert den Schmerz und verschafft Erholung von Gefühlsturbulenzen. Jedes Kind sollte Tränen der Erleichterung vergießen und dabei unsere Anteilnahme spüren dürfen. Allmählich wird es lernen, sich trösten zu lassen, Auswege aus der Traurigkeit zu finden, bei seinen Mitmenschen Traurigkeit zu erkennen und dafür Mitgefühl zu zeigen.

Je nach Situation und Typ kann es auch hilfreich sein, sich durch z. B. Musikhören oder Buchlesen auf andere Gedanken bringen zu lassen, um eine Eskalation der Traurigkeit zu vermeiden. Das heißt allerdings nicht, dass wir Kinder grundsätzlich vor traurigen Situationen schützen sollten. Ganz im Gegenteil! Wenn jemand aus dem Familien- oder Freundeskreis schwer erkrankt oder verstorben ist, dann hilft nur eins: die kindgerecht vorgetragene Wahrheit. Wenn wir jedoch den traurigen Anlass bagatellisieren oder gar verschweigen, dann fördern wir die blühende Fantasie des Kindes und lassen es allein mit seinen Ängsten. Dies gilt auch für traurige und angsteinflößende Katastrophen. Es ist ebenso falsch den Anschlag vom 11. September 2001 auf das World Trade Center mit Details zum Taliban-Regime zu überfrachten wie mit zitternder Stimme zu behaupten *„Sei nicht traurig, es ist alles in Ordnung, mein Schatz".* Ein Kind spürt rasch, wenn wir – wie Psychologen es nennen – eine *double bind* Rolle einnehmen, wenn also das Gesagte nicht mit unserer Tonlage und Körpersprache übereinstimmt.

Angst, Wut, Traurigkeit können unser Denken und Handeln lähmen und somit unser Leistungsvermögen beeinträchtigen. Kinder, die jedoch gelernt haben, mit diesen unangenehmen Gefühlen umzugehen, sind leistungsfähiger. So stellte Daniel Goleman fest, dass in den 250 Schuldistrikten quer durch die USA, – in denen das Projekt *emotional literacy* (emotionale Alphabetisierung) angeboten wurde – höhere Leistungen in allen Schulfächern erzielt wurden.

Was Pädagogen beherzigen sollten

- Geben Sie Kindern genügend Zeit und Raum, ihre Gefühle zu entladen, hören Sie ihnen zu, und zeigen Sie Verständnis für ihr zeitweiliges Gefühlschaos.

- Mischen Sie sich nicht in jeden Streit ein. Geben Sie ihnen die Chance, selbst nach Lösungen zu suchen.
- Reagieren Sie einfühlsam, wenn mal was schief geht. Stärken Sie Ihr Kind: „*Nicht schlimm, das ist mir auch schon mal passiert!*" Schwächen Sie es nicht: „*Meine Güte, bist du wieder ungeschickt!*"
- Das Kind benötigt vor allem nach massiven Gefühlsausbrüchen (z. B. Weinkrampf oder Wutanfall) Ihre Meinung, um herauszufinden, was falsch gelaufen ist und welche Alternativen es gegeben hätte.
- Bleiben Sie bei Wutanfällen willensstark. Reagieren Sie umgehend, eindeutig, streng aber gerecht. Zeigen Sie dem Kind, dass es mit diesem Verhalten nichts erreichen kann. Ist der Koller unerträglich, dann schicken Sie es in sein Zimmer. Findet der Wutanfall öffentlich statt, dann bringen Sie die Geduld auf, das Kind erst zu Hause unter vier Augen zur Rede zu stellen.
- Fordern Sie immer wieder, dass es seine Wut in Worten und nicht in Taten ausdrückt.
- Fallen Sie nicht in die Schmollfalle: Kindliches Schmollen funktioniert nur, wenn Erwachsene Schuldgefühle haben. Das Kind kämpft um Beachtung bloß mit falschen Mittel. Hier ist klares Verhalten wichtig: „*Ich hab dich lieb und möchte dir helfen. Wenn du weißt, was du willst, dann findest du mich in der Küche.*"
- Spielen Sie unterschwellige Ängste mit dem Kind durch: „*Was würdest du tun, wenn dich ein Fremder anspricht?*" Machen Sie jedoch bei irrationalen Ängsten deutlich, dass sie unbegründet sind. Suchen Sie nicht aus falsch verstandener Solidarität mit dem Kind den bösen Wolf unterm Bett.
- „*Welche Angst hilft dir mehr, die vor dem Abgrund oder die vor einer harmlosen Spinne?*" Erklären Sie dem Kind, dass Angst Leben retten aber auch beeinträchtigen kann. Gehen Sie gemeinsam in die Natur, beobachten Sie Tiere, ihre Ängste und ihr Fluchtverhalten.
- Langfristiges Lernen ist mit positiven, angstfreien Erfahrungen gekoppelt. Angst kann zwar das kurzfristige Speichern neuer Inhalte beschleunigen; aber langfristig wird dieser zweifelhafte Erfolg mit negativen Stresserfahrungen verbunden.
- In traurigen Situationen benötigt das Kind unser Mitgefühl: „*Auch ich bin über den Tod deines Meerschweinchens traurig. Aber zusammen meistern wir sogar Trauriges.*"
- Verordnen Sie keine Gefühlslagen. Wenn ein Kind über Schmerzen klagt, dann sind da Schmerzen. Allein schon deshalb, weil das Kind daran glaubt. Versuchen Sie nicht ihm einzureden, dass es keine Schmerzen hat. Es braucht die Zuversicht, dass es jederzeit mit seinen Empfindungen ernst genommen wird.

- Leben Sie Kindern diese wertvollen Gefühlsregeln vor:
  Gefühle sind unsichtbar aber spürbar. Du kannst deine Gefühle spüren, wenn du dich beobachtest und über dein Verhalten nachdenkst.
  Sprich deine Gefühle aus und vertraue dich einer Person an, die dich lieb hat.
  Jeder Mensch macht Fehler. Wenn du z. B. einen Wutkoller hattest, dann lern daraus, wie du das nächste Mal besser reagieren kannst.
  Jeder Mensch ist mal wütend oder traurig. Zeig ruhig auch diese Gefühle aber wisse, dass Freude und Lachen am glücklichsten machen!

Spiele, Spiele, Spiele

2.1 Taddäus Trost

„Wenn ihr mal traurig seid und Trost sucht, dann ist Taddäus Trost genau der richtige für euch. Er hat immer Zeit, hört gerne zu, ist knuddelig weich und hat eine große Vorliebe: das Trösten. Das macht er furchtbar gerne. Er freut sich sehr, wenn ihr ihn in den Arm nehmt und ihm euren Kummer erzählt."

Tipp

Dieses kleine Trösteritual hilft vor allem den Kindern, die zwar Zärtlichkeit und Aufmerksamkeit suchen, aber dies nicht offen sagen möchten. Die Rolle von Taddäus kann jedes Schmusetier – vom Käfer bis zur Giraffe – übernehmen.

Alter	ab 1 Jahr bis 6 Jahre
Zeit	bis Trost gefunden wurde
Sozialform	Einzelspiel
Material	ein Schmusetier

2.2 Kleine Schlange, häute Dich!

Die Kinder bilden Paare. Ein Kind liegt zugedeckt mit dem Bauch auf der Matte. Das andere Kind sitzt daneben. Der Spielleiter erklärt: „Alle Kinder, die auf Matten liegen, schließen ihre Augen und verstecken ihren Kopf unter der Decke. Ihr wollt jetzt von niemandem gestört werden! Nun stellt euch etwas vor, wovor ihr euch fürchtet. Allmählich beginnt's überall in eurem Bauch zu kribbeln und eure Muskeln spannen sich an und krampfen sich zusammen. Das Angstgefühl macht sich in euch bedrohlich breit. Plötzlich stößt es an eine Grenze, wo ein breitbeiniger Riese mit Riesenkräften steht. Laut und selbstsicher sagt er: Bis hierhin und nicht weiter! Die Angst geht erst einen Schritt, dann zwei, dann drei Schritte zurück. Langsam weicht sie Schritt für Schritt aus eurem Kopf und eurem Körper. Nun werdet ihr immer sicherer, das Kribbeln im Bauch verwandelt sich in ein wohliges warmes Gefühl und eure Muskeln werden weich und entspannt. Wenn ihr kein bisschen Angst mehr spürt, dann atmet tief ein und aus und hebt euren Kopf ein wenig. Dies ist das Zeichen für euren Mitspieler: Langsam und behutsam zieht er Stück für Stück eure Decke weg. Währenddessen versucht ihr jeden Zentimeter eures Körpers, der frei wird, zu dehnen und zu strecken. Wenn ihr ganz von der Decke befreit seid, dann öffnet langsam eure Augen und genießt das starke Gefühl in eurer neuen Haut." Nun wechselt das Paar die Rollen und weiter geht's!

Tipp

Unterstützen Sie die Vorstellungskraft der Kinder; zeigen Sie ihnen das Wunder der Häutung und des Schlüpfens in der Natur und im Zoo: Aus einer engen Knospe tritt eine prächtige Rose hervor, aus kleinen Larven und Kokons schlüpfen große Insekten, die Schlange befreit sich von ihrer alten Haut usw.

Variante

Dieses Häutungsspiel ist auch bei Traurigkleit sehr wirkungsvoll; der Text muss entsprechend angepasst werden.

Alter	ab 2 bis 8 Jahre
Zeit	ca. 10 Minuten
Sozialform	Paarspiel
Material	Bodenmatte, Decke

2.3 Wer hat an der Uhr gedreht?

Basteln Sie mit den Kindern eine Gefühlsuhr (aus Pappe oder Holz) in deren Mitte ein beweglicher Pfeil befestigt ist. Auf dem Ziffernblatt sind diesmal keine Ziffern sondern vier Gefühlsgesichter (Wut, Angst, Traurigkeit, Freude) in vier gleich großen Feldern abgebildet. Die Uhr wird gut sicht- und für alle Kinder erreichbar an eine Wand gehängt. Der Spielleiter erläutert: „An der Gefühlsuhr könnt ihr zeigen, wie ihr euch gerade fühlt. Dann wissen die anderen Kinder mehr über eure Stimmung und können euch vielleicht helfen."

Tipp

Die Gefühlsuhr ist als visuelles Medium vor allem für Kinder geeignet, die ungern über ihre Gefühle sprechen oder wenig Übung darin haben. Die Regeln, wann wer und wie lange die Gefühlsuhr benutzen darf, legen Sie gemäß Ihres pädagogischen Alltags fest.

Variante

Je älter und geübter die Kinder, umso differenzierter können die Gefühlsgesichter dargestellt werden z. B. zufrieden, lustlos, müde. Selbstverständlich kann die Gefühlsuhr auch Anlass zur Diskussion geben über die Gefühle einzelner Kinder.

Alter	ab 2 bis 10 Jahre
Zeit	Bastelzeit ca. 1 Stunde
Sozialform	Einzelarbeit
Material	Runde Papp- oder Holzscheibe, Pfeil aus Pappe mit Öse zum Befestigen, Schere, Papier und Farbstifte

2.4 Busfahrt mit viel Gefühl

Der Spielleiter teilt mehreren Kindern verschiedene Gefühlsrollen zu z. B. „Du spielst die traurige Busfahrerin, du spielst eine ängstliche Oma, du einen wütenden Geschäftsmann ..." Die Stühle stehen so in der Mitte, dass sie Bussitze repräsentieren. Die Busfaherin geht in ihrer traurigen Stimmungslage zum Bus, und setzt sich vorne hin. Los geht die Fahrt! An der ersten Haltestelle steigt die ängstliche Oma ein, an der zweiten Haltestelle der wütende Geschäftsmann usw. Während der Busfahrt kommen die Fahrgäste miteinander ins Gespräch; dabei werden sie immer vom Gefühl des zuletzt eingestiegenen Fahrgasts angesteckt. Die stimmungsvolle Busfahrt endet mit der Ansage der Fahrerin: „Endstation, bitte alle aussteigen!"

Tipp

Die verschiedenen Rollen der Fahrgäste können auch per Los gezogen werden. Nach der Busfahrt kann es ratsam sein, die Szenen auszuwerten: Wie ist es den Spielern ergangen? Welche Gefühle waren einfach, welche schwer darstellbar und warum? Wie haben sich die Fahrgäste körperlich und stimmlich verändert?

Variante

Das Spiel kann auch mit nur zwei Kindern gespielt werden. Dann fährt anstelle des Busses eben ein Sportwagen.

Alter	ab 4 bis 8 Jahre
Zeit	ca. 10 Minuten
Sozialform	Paar- oder Gruppenspiel
Material	Stühle

2.5 Sieh nach oben!

Wer kennt sie nicht, die Augenblicke, in denen die Gefühle überborden und keinen klaren Gedanken mehr zulassen! Dann ist es höchste Zeit, den Blickwinkel zu ändern. Diese kleine Übung hilft Kindern, sich unbemerkt und ohne viel Aufhebens abzureagieren. Der Spielleiter erklärt: „Heute verrate ich dir einen kleinen Zaubertrick! Wenn du mal so aufgeregt, so ängstlich oder so traurig bist, dass du an nichts anderes mehr denken kannst, dann richte deinen Kopf nach oben – ganz gleich ob zum Himmel oder zur Zimmerdecke. Schau dir jede Kleinigkeit dort oben an und beschreibe so genau wie möglich, was du siehst, von den Wolkenformen bis hin zum kleinen Riss in der Decke. Wenn du zum Schluss den Blick senkst, wirst du bemerken, dass deine Gedanken wieder in eine Richtung gehen und sich deine Gefühle beruhigt haben."

Tipp

Regen Sie Kinder des öfteren zu dieser Übung an. So lernen sie, ihre Gedanken auch in einer gefühlsmäßig aufgeladenen Situation zu bündeln. Schon der französische Schriftsteller Antoine de Saint-Exupéry (1900 – 1944) sagte: „Um klar zu sehen, genügt oft ein Wechsel der Blickrichtung."

Alter	ab 3 bis 9 Jahre
Zeit	ca. 2 Minuten
Sozialform	Einzelspiel

2.6 Du eckige Olive!

Sie kennen die Augenblicke, in denen man am liebsten lauthals fluchen und scheußliche Schimpfworte schreien möchte, um die aufgestaute Wut abzulassen. Jetzt ist es höchste Zeit für den Schimpf-Wettbewerb der ausgefallensten Schimpfwörter z. B. schimmliger Pudding, stinkender Nasenbär, klebriger Schneckenschleim, alte Bananenschale. Keine Sorge, hier kennt die Kreativität der Kinder keine Grenzen. Und große Freude macht es allemal!

Tipp

Eine Jury – bestehend aus einigen Kindern oder/und dem Spielleiter – trägt die Ergebnisse zusammen und verkündet nach kurzer Beratungszeit den Gewinner. Es ist ratsam, respektlose Schimpfworte von vorneherein zu verbieten. Wie? Das verrät Ihnen *Die Waschmaschine Clementine* unser nachfolgendes Spiel.

Alter	ab 3 bis 99 Jahre
Zeit	ca. 3 Minuten
Sozialform	Gruppenspiel

2.7 Die Waschmaschine Clementine

Basteln Sie mit den Kindern eine Waschmaschinen-Attrappe aus Karton. Achten Sie darauf, dass die Waschmaschine oben oder vorne eine für die Kinder gut erreichbare Öffnung hat, durch die ein Kopf passt und die verschließbar ist. Dann erläutert der Spielleiter das Ritual: „Darf ich euch Clementine, unsere fleißige Waschmaschine, vorstellen. Sie wäscht dreckige Worte blütenrein sauber. Bevor wir in unseren Gruppenraum (bzw. Klassenraum) gehen, stecken diejenigen, die gerade Schimpfworte auf der Zunge haben, den Kopf in die Waschmaschine. Dort könnt ihr nach Herzenslust eure Schimpfworte hineinbrüllen. Das letzte Kind schließt rasch die Waschmaschinentür. Während wir im Raum sind, wäscht Clementine eure Schimpfwörter und am Ende könnt ihr euch ein weiches, zärtliches, liebes Wort mit nach Hause nehmen."

Tipp

Dieses kleine Ritual hat große Wirkung! Die Kinder nehmen es sehr ernst und haben viel Freude daran. Sollte doch mal ein Schimpfwort in der Gruppe fallen, das eigentlich in die Waschmaschine gehörte, hilft nur eins: Rausgehen und Clementine erneut den Waschauftrag erteilen!

Variante

Vor Waschbeginn können die Kinder singen: „Schalt mich ein, schalt mich aus, die Gefühle müssen raus!"

Alter	ab 2 Jahre bis Ende der Grundschulzeit
Zeit	Bastelzeit: ca. 1 Stunde
Sozialform	Gruppenspiel
Material	Karton, Kleber, evtl. Folie zum Beziehen

2.8 Der Wutsack

An einem dicken, mit weichem Material gefüllten Leinensack kann sich so mancher Wutkandidat abreagieren! Befestigen Sie einen solchen Wutsack an der Decke Ihrer Einrichtung, hängen Sie vielleicht noch Boxhandschuhe daran, und schon können die Kinder ihre Aggressionen ungefährlich und effektiv ablassen.

Tipp

Den Wutsack sollte ein Fachmann befestigen um Verletzungen zu vermeiden.

Varianten

Bieten Sie regelmäßig Spiele, in denen die Kinder Dampf ablassen und ihre Kräfte messen können. Hier einige Vorschläge: Tauziehen, mit Hammer Nägel in Holzblock einschlagen, Kissenschlacht, Trampolin springen, Schreikonzert, Knete durchkneten, Schattenboxen.

Alter	ab 3 bis 99 Jahre
Zeit	ca. 3 bis 5 Minuten
Sozialform	Einzel-, Paar- oder Gruppenspiel
Material	Leinensack, Füllmaterial, Seil, Deckenhaken

2.9 Ring frei für die Ringer!

Wer leicht in Wut gerät, kann sich bei diesem sportlichen Wettkampf abreagieren. Zunächst erläutert der Spielleiter den Kindern die Fairnessregeln: Schlagen, treten, beißen und kratzen verboten. Nur ringen erlaubt! Wer die Regeln missachtet, hat den Kampf sofort verloren. Nun treten die Ringkämpfer paarweise auf eine Weichbodenmatte. Beim Ertönen des Gongs beginnt die erste Runde. Gewinner ist derjenige, dem es als Erster gelingt, seinen Kontrahenten so auf die Matte zu werfen, dass beide Schultern die Matte berühren.

Tipp

Mit diesem Ringkampf bieten Sie den aufgestauten Aggressionen der Kinder ein geeignetes Ventil. Bitte achten Sie darauf, dass die Ringkämpfer möglichst gleich stark sind.

Variante

Eine lustige Variante bietet das Po-Duell: Die beiden Kontrahenten stehen in einem auf dem Boden markierten Kreis mit dem Rücken gegeneinander. Sie beugen sich so weit nach vorne, dass ihre Pos sich berühren. Nun versuchen beide sich gegenseitig mit voller Kraft aus dem Kreis zu drücken. Rasch weicht die Wut, und das Lachen ist garantiert.

Alter	ab 3 Jahre bis 14 Jahre
Zeit	ca. 5 Minuten
Sozialform	Paarspiel
Material	1 Weichbodenmatte

Dritter Baustein

Emotionen in die Tat umsetzen

Nicht zu bekommen, was man will,
ist manchmal ein großer Glücksfall.
Dalai Lama

Das vielfältige Orchester der Gefühle braucht einen kompetenten Dirigenten! Eine wichtige Erziehungsaufgabe für uns ist es, das Kind zum Dirigenten seiner Gefühle zu befähigen. Damit es lernt, seine „Emotionen in den Dienst eines Ziels zu stellen" braucht es nach Ansicht von Daniel Goleman[117] viel Selbstbeherrschung und Selbstmotivation. Diese grundlegenden emotionalen Fähigkeiten kann ein Kind nur ausprägen, wenn es gelernt hat, zwei Hürden zu nehmen:

- die Impulskontrolle als Grundlage der Selbstbeherrschung
- den Optimismus als Grundlage der Selbstmotivation

Ich will jetzt sofort alles!

Wer kennt ihn nicht, diesen nervigen Spruch, den Kinder tagtäglich nahezu selbstverständlich äußern und der uns Erwachsene immer wieder auf die Palme bringt. Jedes Kind muss im Laufe seines emotionalen Reifungsprozesses lernen – auch wenn's bitter ist – seine Wünsche, Impulse aufzuschieben z. B.: „Wenn du wartest, bis ich eine Besorgung erledigt habe, bekommst du zwei Bonbons, wenn du nicht so lange warten kannst, bekommst du nur einen, aber den bekommst du sofort." Eine solche Aufgabe aus dem Marshmallow-Test[118] stellt das Herz eines Vierjährigen auf eine harte Probe; es entflammt ein innerer Kampf zwischen Impuls und Zurückhaltung. Die Kunst der Zurückhaltung ist jedoch ein wichtiger Indikator für ein erfolgreiches Leben. So zeigte sich in einer Studie[119], dass Kindergartenkinder mit einer guten Impulskontrolle bessere Resultate im Schuleignungstest erzielen als Gleichaltrige mit weniger Selbstbeherrschung. Auch als Jugendliche erwiesen sie sich im Umgang mit Gleichaltrigen und Erwachsenen als souveräner.

Die Fähigkeit, Impulse zu kontrollieren, ist auch für die Entwicklung eines Wertsystems entscheidend. Denn Werte haben mit Zielen zu tun und damit, dass man in der Lage ist, etwas zu lassen um etwas anderes zu tun. „Wertgeleitetes Handeln bedeutet immer auch, bei seinen Handlungen kurzfristige Bedürfnisse hintanzustellen, um langfristige Ziele zu verfolgen."[120] Für den Neurologen Manfred Spitzer ist es wichtig, dass Kinder lernen, ihr Belohnungssystem nicht nur auf den unmittelbaren Konsum und Profit auszurichten: „Wenn ich auf den Apfel verzichte und ihn meinem kranken Bruder gebe, obwohl mir selbst der Magen knurrt, dann werde ich zwar nicht vom Geschmack des Apfels, wohl aber vom Gedanken an die Genesung meines Bruders belohnt."[121]

Schon der Verhaltensforscher Konrad Lorenz[122] (1903 – 1989) machte uns auf einen Teufelskreis aufmerksam: Je schneller das Kind seine aufkeimenden Wünsche erfüllt bekommt, umso stärker wächst seine Unlust an allem. „Die heutzutage in ständigem Wachsen begriffene Unlust-Intoleranz verwandelt die naturgewollten Höhen und Tiefen des menschlichen Lebens in eine künstlich planierte Ebene, die tödliche Langweile und den emotionellen Wärmetod erzeugt. Damit schwindet die Fähigkeit der Menschen, jene Freude zu erleben, die nur durch herbe Anstrengung beim Überwinden von Hindernissen gewonnen werden kann. Es müsste eine durchaus erfüllbare Aufgabe der Erziehung sein, die Existenz dieser Hindernisse allgemein bekannt zu machen." Das heißt, wenn wir Kindern jeden Wunsch von den Lippen ablesen und sofort erfüllen, dann erziehen wir sie weniger zu selbstkontrollierten Menschen sondern vielmehr zu unzufriedenen Quengelmonstern. Noch viel schlimmer: Wir machen sie unglücklich! Der Philosoph Jean-Jacques Rousseau[123] (1712 – 1778) erklärt eindrucksvoll den Zusammenhang von Wunscherfüllung und Unglück: „Kennt ihr das sicherste Merkmal, euer Kind unglücklich zu machen? Gewöhnt es daran, alles zu bekommen! Denn seine Wünsche wachsen unaufhaltsam mit der Leichtigkeit ihrer Erfüllung. Früher oder später zwingt euch die Unmöglichkeit, sie alle zu erfüllen, zur Ablehnung, und diese ungewohnte Ablehnung wird es mehr verwirren als der Verzicht auf das, was es haben wollte. Jeder Wunsch setzt Entbehrung voraus. Alle Entbehrungen aber, die man fühlt, sind schmerzlich. Unser Unglück besteht also aus dem Misserhältnis zwischen unseren Wünschen und unseren Fähigkeiten. Ein fühlendes Wesen, dessen Fähigkeiten seinen Wünschen entsprächen, wäre absolut glücklich."

Das schaffe ich bestimmt!

Wer diesen optimistischen Satz beherrscht, der kann Berge versetzen. Denn wer seine Fähigkeiten und Gefühle positiv einschätzt, vermag sich *intrinsisch* d. h. von Innen heraus selbst zu motivieren. Dazu benötigt das Kind die wichtige Grundeinstellung: *Ich kann mein Denken, Fühlen und Handeln selbst beeinflussen, steuern und produktiv einsetzen.* Es geht also um die Fähigkeit, Erfolge und Niederlagen gleichermaßen als beeinfluss- und veränderbare Größen zu verstehen. Pessimisten dagegen schreiben sich Niederlagen als unveränderbare Misserfolge zu. Hoffnung und Optimismus sind keine schicksalhaften charakterlichen Festlegungen, sondern sie sind erlernbar. Schließlich gab es im alten Griechenland regelrechte Glücksschulen, in denen philosophische Lehrmeister den Charakter der Schüler durch gezielte Wiederholung bestimmter Erfahrungen so zu formen suchten, dass sie ausgeglichener und fröhlicher leben konnten. Psychologen gehen davon aus, dass Optimismus auf einem gesunden Selbstvertrauen basiert d. h. auf der Überzeugung, die Geschehnisse des Lebens im Griff zu haben und für neue gewappnet zu sein. Zur Zeit überschwemmen Bücher den Markt, die sich der Frage widmen: Kann man glücklich sein lernen? Auch wenn ihre

Rezepte sehr unterschiedlich sind, so sind sie sich doch in einem Punkt einig: Glücklichsein ist erlernbar! In der Kindheit werden wir jedoch oft auf das Unglück vorbereitet. So manche Eltern oder Lehrer vermitteln dem Kind – meist unbewusst – dass es wertlos oder dumm ist, dass andere Kinder besser sind, dass Arbeit keine Freude macht, dass das Leben ein ständiger Kampf ist, dass das Schicksal ungerecht und grausam ist ... In Wahrheit bestimmt aber nicht die Außenwelt, sondern unsere innere Einstellung, ob wir uns schlecht oder wohl fühlen.
Das Geheimnis der Optimisten liegt nicht darin begründet, dass sie alles positiv finden, sondern vielmehr darin, dass sie ihre Aufmerksamkeit bevorzugt dem Positiven zuwenden und sich damit ausdauernd beschäftigen. Ängstliche, pessimistische Menschen lassen sich dagegen magisch vom Negativen anziehen und fühlen sich bei eintretendem Unglück auch noch in ihren Vorurteilen bestätigt.
Das Multitalent Sir Peter Ustinov sagte mal treffend: „Ein Optimist weiß, dass die Welt schlecht ist. Ein Pessimist findet dies jeden Morgen von neuem heraus."
Sicher kennen Sie die weise Geschichte von den zwei Fröschen, die in eine Milchkanne fallen. Der eine sagt: *„Hier komme ich nie mehr raus"* und ertrinkt. Der andere weigert sich aufzugeben, strampelt und strampelt – und sitzt plötzlich auf einem Stück Butter – die Rettung! Die Moral der Geschichte: Optimisten leben länger! Schon für den Philosophen und Erneuerer der Medizin Paracelsus (1493 – 1541) war der *innere Arzt*, die innere Motivation des Kranken das entscheidende Prinzip aller Heilung. Damals wurde er mit dieser Meinung von den Ärzten und Hochschulen seiner Zeit verschmäht. Heute haben Wissenschaftler der Universität Kentucky seine These nachgewiesen. In ihrem Versuch gruppierten sie anhand von Fragebögen 90 Jurastudenten in Pessimisten und Optimisten. Vor Semesterbeginn wurde allen Blut abgenommen. Die Werte waren annähernd gleich. Etwas später, in einer Stressphase zeigte eine erneute Blutuntersuchung: Bei den Optimisten hatten sich die Helferzellen (Lymphozyten) um rund 13 % und die Killerzellen (zur Abwehr) um 42 % erhöht. Bei den Pessimisten sanken die T-Zellen um 3 % und die Killerzellen hatten sich nur um 9 % erhöht. Der Beweis, dass Gedanken und Gefühle das menschliche Immunsystem beeinflussen, war erbracht.

Leidvolles sollte man weder heroisch unterdrücken noch sich darin sonnen, sondern es akzeptieren, zulassen, bewusst erleben und versuchen, die helle Kehrseite der dunklen Medaille zu entdecken. Kinder sollten wissen, dass unangenehme Gefühle wie Angst, Stress und Traurigkeit zum Leben gehören wie die Nacht zum Tag und dass es kein problemloses Leben gibt. Aber sie sollten auch lernen, dass sie Glücksmomente erleben können, wenn sie

Probleme bewältigt und Ängste überwunden haben. Niemand würde sonst freiwillig an einem Gummiseil in die Tiefe stürzen, eine Achterbahn besteigen oder – wie ich – ein Buch schreiben.

Es gibt viele gute Gründe, warum wir Kinder zu positiv denkenden und fühlenden Wesen erziehen sollten. Einer der Gründe ist: Optimisten treten aufgrund ihres größeren Selbstbewusstseins viel entschiedener auf und sind erfolgreicher als ihre pessimistischen Mitmenschen.

Eines ist klar geworden: Die Geschichte vom Schicksal, dass aus uns Glückspilze oder Pechvögel macht, ist nichts als ein schlechtes Märchen. Wir selbst tragen aufgrund unserer emotionalen Einstellung wesentlich zu einem glücklichen und gesunden Leben der Kinder bei.

Was Pädagogen beherzigen sollten

- Vermeiden Sie nicht alle Konflikte. Auch auf die Gefahr hin, sich unbeliebt zu machen, sollten Sie Kindern nicht alles geben, was sie wollen. Denken Sie daran, dass dies einem guten Zweck dient: Sie geben ihnen die Gelegenheit, zu lernen, eine Befriedigung hinauszuschieben, sich geduldig und sozialverträglich zu verhalten. Außerdem bedeutet Erziehung nun mal auch *Nein* sagen!
- Leid gehört zum Glücklichsein wie das Huhn zum Ei! Wenn ein Kind hinfällt und vor Schmerz weint, dann tun Sie mehr für seine emotionale Entwicklung, wenn sie es liebevoll trösten als wenn Sie es mit einem Bonbon ablenken. Hier helfen Trost und Wärme: *„Ich weiß, das tut weh aber gleich geht's vorbei. Wenn ich dich fest in den Arm nehme und puste, dann schaffen wir's gemeinsam."* Nun erlebt das Kind, dass sie ihm in Notsituationen helfen und sein Leid mitempfinden. Gold wert ist dabei die Zuversicht: Wer fällt kann wieder aufstehen und wer weint, kann wieder lachen! Hinter jeder äußerlichen Schmerzerfahrung verbergen sich wertvolle Schätze des inneren, emotionalen Wachstums.
- Sicher, die Devise *think positiv* klingt abgedroschen, aber wer zwingt uns denn, ständig positiv zu denken? Es würde ja schon ausreichen, wenn wir aufhörten, ständig negativ zu denken und unseren Kindern stattdessen eine optimistische Lebenseinstellung vorlebten. Es würde auch vollkommen ausreichen, wenn wir die Dinge annähmen, wie sie gerade kommen und ihnen das Beste abgewinnen würden.
- Wenn Ihr Leben mal von einem *Grauschleier* getrübt ist, dann denken Sie an den Ausspruch des berühmten Clowns Charlie Rivel: *„Der Optimist denkt oft ebenso einseitig wie der Pessimist. Nur er lebt froher!"*

Spiele, Spiele, Spiele

3.1 Die Waage

Im Gefühlsleben kommt es, wie so oft im Leben, auf die richtige Balance an! Bei dieser Entspannungsübung liegt das Ausbalancieren der Gefühlsstimmungen in den Händen des Kindes. Der Spielleiter erläutert: „Stell dir vor, du wärest eine Waage und deine Hände wären Waagschalen. Nun schließ bitte die Augen und denke an etwas, was dir Sorgen macht. Lass alle damit verbundenen negativen Gedanken und Empfindungen aufsteigen und in deine geballte rechte Faust fließen. Wenn du glaubt, dass alle Teile des negativen Gefühls in deiner rechten Faust angelangt sind, dann stell dir die Frage: Mit welchem *positiven Gefühl* könnte ich meine Waagschalen ausbalancieren? Lass nun all diese angenehmen Empfindungen in deine linke, flache Hand fließen. Verstärke das positive Gefühl, gib ihm Farbe, Klang, Größe, Gewicht, Temperatur und alles, was dir noch dazu einfällt. Öffne deine Augen erst, wenn sich deine rechte Faust zu einer flachen Hand öffnet und wenn beide Hände gleich schwer und entspannt sind. Bring deine Hände zueinander, lege sie behutsam auf deinen Bauch und atme tief ein und aus. Jetzt bist du mit deinen Gefühlen im Gleichgewicht."

Tipp

Es ist ratsam den Kindern vorher zu erläutern, was Pessimismus und Optimismus bedeuten. Welche Wirkung sie auf uns haben, wie schnell wir aus der Balance geraten. Hierzu eignet sich das Bild der Waage, deren Schalen ausbalanciert werden müssen, besonders gut.

Alter	ab 6 bis Ende der Grundschulzeit
Zeit	5 Minuten
Sozialform	Einzelspiel

3.2 Die Mutmurmel

Es gibt so Vieles, wovor man sich als Kind fürchtet: Vor der Dunkelheit, vor dem bellenden Hund, vor dem Raufbold auf dem Schulhof usw. Aber welches Kind spricht schon gerne darüber? In solchen Fällen hilft die Mutmurmel als nonverbales Ritual nach dem Motto „Mut tut gut!" Der Spielleiter legt jedem Kind, das sich unsicher fühlt, eine dicke Murmel in die Hand und sagt: „Das ist eine Mutmurmel. Sie verleiht Kraft und Zuversicht. Steckt sie in eure Hosentasche und nehmt sie überall mit. Immer wenn ihr unsicher seid, dann greift nach eurer Mutmurmel. Haltet sie so lange fest gedrückt in eurer Hand, bis ihr sie murmeln hört: *Du kannst viel, du kannst laufen, du kannst sprechen, du kannst pfeifen, und du hast Freunde!*

Tipp

Bitte erklären Sie den Kindern unbedingt den Unterschied zwischen unberechtigten (irrationalen) und berechtigten Ängsten, die überlebenswichtig sind. So empfindet ein Kind beispielsweise die berechtigte Vorsicht, einen fremden Menschen auf der Straße anzusprechen. Wenn die Kinder älter werden und so manche irrationale Angst verlieren, dann sollten sie die wichtige Entdeckung machen, dass sie die Mutmurmel nicht mehr benötigen. Nun kann sie in eine Schachtel zur Erinnerung gelegt werden.

Alter	ab 3 bis 6 Jahre
Zeit	ca. 5 Minuten
Sozialform	Einzelspiel
Material	große Murmeln

3.3 Sesam öffne dich!

Ein Geheimnis zu haben ist spannend und verursacht freudiges Kribbeln im Bauch. Diese Spannung auszuhalten, ohne sie sofort mit jemanden zu teilen, fällt nicht nur Kindern schwer. Die Kinder sitzen im Kreis, in der Kreismitte steht eine kleine glitzernde Schatztruhe. Große Neugierde macht sich breit und jedes Kind möchte wissen, welcher Schatz darin verborgen ist. Die Spannung steigt. Nacheinander darf nun jedes Kind einen Blick in die Schatztruhe werfen. Aber Achtung, alles ist streng geheim! Mit geheimnisvoller Miene gehen die Kinder auf ihren Platz zurück, bis auch das letzte Kind das Geheimnis kennt. Endlich auf das Kommando: „Sesam öffne dich!" verraten alle gemeinsam laut rufend das Geheimnis.

Tipp

Aus einem unscheinbaren Schuhkarton kann mit ein wenig Phantasie und viel Glitzer rasch eine wundervolle Schatztruhe entstehen. Sie könnte folgende Schätze enthalten: kleines Stofftier, glitzernder Stein, witziges Foto oder eine geheime Botschaft. Achten Sie darauf, dass die Spannung vor dem ersten Öffnen des Schatzkästchens einige Minuten anhält. Denn so lernen die Kinder, ihre Impulse zu kontrollieren. Besonders reizvoll ist das Schatzkästchen, wenn es mit einem Schlüssel verschlossen werden kann. Erzählen oder lesen Sie den Kindern das orientalische Märchen „Ali Baba und die 40 Räuber" mit dem Zauberspruch „Sesam öffne Dich!" vor.

Variante

In der Schatztruhe könnte auch eine geheime Botschaft liegen z. B. „Hüpfe!" (oder: Lache, pfeife ein Melodie ...). Wenn der Spielleiter ruft „Sesam öffne Dich!", dann hüpfen alle Kinder durch den Raum. Es können auch mehrere Schatztruhen mit unterschiedlichem Inhalt eingesetzt werden.

Alter	ab 3 Jahre bis Ende der Grundschulzeit
Zeit	ca. 10 Minuten
Sozialform	Gruppenspiel
Material	Kleine Schatztruhe mit Schätzen z. B. glitzernder Stein, kleines Stofftier, witziges Foto, geheime Botschaft

3.4 Herzenswünsche

Jedes Kind schreibt oder malt seinen Herzenswunsch auf ein ausgeschnittenes Herz aus Pappe. „Bitte wählt kleine Wünsche, die nichts kosten, aber von Herzen kommen. Schreibt keine unerfüllbaren Wünsche auf wie z. B. *„Ich möchte keine Klassenarbeit mehr schreiben."* Nennt vielmehr Wünsche, die jeder mit seinem Verhalten erfüllen kann wie z. B. *„Ich möchte mit euch Fußball spielen."* Alle Herzenswünsche werden mit Fäden an einen großen Zweig oder an die Decke gehängt.

Tipp
Es ist ratsam, dass der Spielleiter vorher mit den Kindern über erfüllbare und unerfüllbare Wünsche spricht.

Alter	ab 7 Jahre bis Ende der Grundschulzeit
Zeit	ca. 20 Minuten
Sozialform	Gruppenspiel
Material	Pappe, Stifte, Faden

3.5 Im Land des Lächelns

Die Kinder sitzen im Stuhlkreis. Der Spielleiter bestimmt durch geheime Losziehung einen Clown, der sich jedoch nicht zu erkennen gibt und sich genauso verhält wie seine Mitspieler. Alle anderen Kinder sind die Trauerklöße, die traurig und pessimistisch in die Runde schauen. Durch rasches unauffälliges Anblinzeln und charmantes Anlächeln versucht der Clown die Trauerklöße zu verzaubern. Jeder Trauerkloß, der angeblinzelt und angelächelt wurde, ist von nun an im *Land des Lächelns* und signalisiert dies allen anderen durch seine optimistische Mimik und Gestik. Ziel des Clowns ist es, möglichst viele Trauerklöße ins *Land des Lächelns* zu entführen, während seine Mitspieler versuchen, ihn so rasch wie möglich zu enttarnen. Dabei dürfen die Trauerklöße einen einmaligen Verdacht äußern. Wer einen falschen Verdacht äußert, wechselt automatisch ins Land des Lächelns. Ist der Verdacht gerechtfertigt, ist das Spiel beendet und ein neuer Clown wird durch geheime Losziehung bestimmt.

Tipp

Es ist ratsam, vor Spielbeginn mit den Kindern pessimistische und optimistische Mimik und Gestik zu üben. Dabei sollte der Begriff Trauerkloß erläutert werden. Die geheime Losziehung kann mit Zetteln erfolgen, auf denen Trauerklöße und ein Clown abgebildet sind, oder der Spielleiter flüstert den Kindern ihre jeweilige Rolle ins Ohr.

Alter	ab 4 Jahre bis Ende der Grundschulzeit
Zeit	ca. 10 Minuten
Sozialform	Gruppenspiel

3.6 Wichteln tut gut!

Alle Kinder schreiben ihre Namen auf Zettel. Gefaltet werden sie in einen Korb gelegt und kräftig gemischt. Jetzt zieht jedes Kind einen Zettel. Steht darauf sein eigener Name, so muss es erneut ziehen. Der Spielleiter legt eine Zeitspanne, z. B. einen Tag oder eine Woche fest, in der jedes Kind seinem Wichtelpartner – also dem Kind, dessen Namen es gezogen hat – möglichst viel Gutes zukommen lässt. Alles geschieht heimlich; so bleibt die Spannung über die Zeitspanne hinweg erhalten. Gute Wichteltaten könnten sein: Ein schriftlicher Gruß in der Federmappe, ein nettes Wort am Morgen, die Frage nach dem gestrigen Tag, eine zärtliche Umarmung zum Abschied ... Nun passt jedes Kind detektivisch auf, um seinen Wichtel zu erraten. Es ist auch Fremdwichteln erlaubt, um falsche Spuren zu legen. Nach Ablauf der Frist gilt es, die Wichtel zu enttarnen. Jedes Kind äußert seine Vermutung und der angesprochene Wichtel bestätigt oder verneint die Annahme.

Tipp

Wichteln fördert das positive soziale Miteinander einer Gruppe oder Klasse. Es gibt jedem Einzelnen Zuversicht und macht viel Spaß. Hier üben Kinder, Freude zu schenken, und sie erleben, wie positiv sich dies im täglichen Miteinander auswirkt. Wählen Sie beim ersten Wichteln eine kurze überschaubare Zeitspanne, und helfen Sie den Kindern, kostenlose Gaben zu entwickeln. Nach ein wenig Übung ist der Einfallsreichtum der Kinder unerschöpflich. Besprechen Sie nach der Wichtelenttarnung, was gut war und was besser sein könnte. So räumen Sie mögliche Enttäuschungen aus.

Alter	ab 6 bis 99 Jahre
Zeit	variabel
Sozialform	Gruppenspiel
Material	Zettel, Stifte und ein Korb

3.7 Der Zirkus Wunderbar

Susi Lachmit und Lara Lachnit gehen mit ihren Freunden in den Zirkus *Wunderbar*. Das ist ein ganz besonderer Zirkus. Hier darf man nicht nur zusehen, sondern auch mitmachen. Wer den Zauber der Manege spürt, kann sich in jedes Zirkustier, in jeden Akrobaten verwandeln und alle Kunststücke mitmachen.
Zuerst kommen die Elefanten und stapfen mit ihren langen Rüsseln (linke Hand zur Nase, rechter Arm durch den linken gebeugten Arm schieben und Bewegung nachahmen) in die Manege. Susi Lachmit ist vom Zauber der Manege überwältigt, sie stapft mit den Elefanten umher und verbeugt sich vor dem Publikum. Aber was ist bloß los mit Lara Lachnit? Sie spürt den Zauber der Manege nicht und steht traurig am Rande.
Jetzt stürmen die rasanten Pferde (galoppieren) herein. Sie springen über Hindernisse und bäumen sich wild auf. Susi Lachmit springt mit ihnen durch die Manege und ist überglücklich. Lara Lachnit kann nicht freudig mitspringen und steht wieder traurig am Rande der Manege.
Nun laufen die lustigen Clowns in die Manege, spielen Trompete, machen Luftsprünge und lachen bis ihnen die Tränen kommen (Verhalten nachahmen). Susi Lachmit macht fröhlich alle Späße der Clowns mit und ist überglücklich. Wieder steht Lara Lachnit traurig herum und spürt den Zauber der Manege nicht.
Voller Freude hüpft das Zirkusballett im Spitzentanz (auf Fußspitzen stellen und Ballettbewegung nachahmen) herein. Wunderschöne Musik spielt und alle wirbeln in Pirouetten durch die Manege. Jetzt geht Susi Lachmit zu Lara Lachnit und flüstert ihr ins Ohr: „Lausche der Musik und tanz mit mir!" Susi reicht Lara die Hand und beschwingt drehen sich beide tanzend durch die Manege. Jetzt spürt auch Lara Lachnit ganz tief in ihrem Herzen den Zauber der Manege.
Hannelore Wolterink

Tipp

Ein Stuhlkreis bildet die Manege. Es ist ratsam, dass die Kinder beide Rollen (Susi Lachmit und Lara Lachnit) spielen. So erfahren sie hautnah sowohl die optimistische als auch die pessimistische Stimmung. Ziel ist es, Lara – also das traurige Kind – geschickt mitzureißen bis sie vom Zauber der Manege angesteckt ist.

Variante

Die Kinder denken sich weitere Tiere, Akrobaten und Kunststücke aus z. B. schleichende Raubkatzen oder Seehunde, die mit dem Ball balancieren.

Alter	ab 3 bis 8 Jahre
Zeit	10 – 20 Minuten
Sozialform	Gruppenspiel
Material	evtl. Verkleidekiste

3.8 Lasst uns alle ...

Alle Kinder gehen durch den Raum und wer immer Lust hat ruft: „Lasst uns alle (z.B.) Känguruhs sein". Die Verhaltensvorgaben des Ansagers sind für alle verbindlich. Die anderen Kinder rufen „Au, jaaa!" Sie hüpfen solange als Känguruhs durch den Raum, bis ein anderes Kind einen neuen Spielvorschlag ausruft. Die aufeinanderfolgenden Vorschläge können auch als Geschichte verknüpft werden z.B. „Lasst uns alle Giraffen sein!" – „Lasst uns alle lange Hälse machen!" – „Lasst uns alle an der Wasserstelle trinken!" usw. Um ein chaotisches Dazwischenrufen zu vermeiden, gilt die Regel: Jedes Kind darf nur einmal einen Vorschlag machen. Dabei darf es kein anderes Kind unterbrechen oder seinen Vorschlag gleichzeitig mit einem anderen Kind ausrufen. Daher erklärt der Spielleiter: „Geht aufmerksam durch den Raum und beobachtet, ob eure Mitspieler jetzt einen Vorschlag ausrufen könnten."

Tipp

In diesem Spiel kann jedes Kind Einfluss auf den Spielverlauf nehmen und trainiert dabei seine Impulskontrolle. Damit die Kinder nicht zu rasch ihre Vorschläge einbringen, sollte der Spielleiter eine Mindestzeitvorgabe von ca. 20 Sekunden machen. Innerlich zählen die Kinder langsam bis 20 und wählen dann geschickt den Zeitpunkt ihres Einsatzes.

Variante

Eine andere Möglichkeit, um die Ausgewogenheit des Spielverlaufs zu garantieren: In der Raummitte steht ein Stuhl, auf den nur der Bestimmer, also das rufende Kind, steigen darf, um seinen Vorschlag zu verkünden.

Alter	ab 4 bis 9 Jahre
Zeit	10 – 20 Minuten
Sozialform	Gruppenspiel
Material	evtl. 1 Stuhl

3.9 Meine Lernleiter

Das Kalender-, Kindergarten- oder Schuljahr ist zu Ende, die Ferien beginnen! Ein individueller Rückblick hilft den Kindern, stolz auf ihre Lernfortschritte zurückzuschauen und neue Vorhaben optimistisch anzugehen. Sicher gibt es viel aus dem letzten Jahr zu berichten z. B. vom ersten Schleifebinden, vom Schwimmenlernen oder von der ersten Rechenaufgabe.
Und so kann es gehen: Ein Symbol der jeweiligen Lernerfahrung, z. B. die Schleife wird aus Pappe gebastelt und an eine Lernleiter gehängt. Hierbei kann es sich um eine gemalte, gebastelte oder echte Leiter handeln. An der letzten Sprosse der Lernleiter hängen die zukünftigen Lernziele des Kindes z. B. „Nächstes Jahr werde ich ganz allein den Reißverschluss an meiner Jacke schließen können!" Diese Lernleitern werden als Zeitzeugnisse des Lernens für einen bestimmten Zeitraum gut sichtbar ausgestellt. Wetten, dass die Kinder nie mehr darauf werden verzichten wollen!

Tipp

Jedes Kind kann seine individuelle Lernleiter gestalten oder die Gruppe bzw. Klasse verfügt über eine gemeinsame. Daran sollen die Kinder möglichst breit sammeln, was sie in ihrem bisherigen Leben schon alles gelernt haben: sprechen, laufen, schwimmen, tanzen, kochen usw. So lernen sie, ihre *Lernlaufbahn* selbst optimistisch wahrzunehmen und zu reflektieren. Je nach Altersstufe können sie ihre Lernschritte basteln, malen oder aufschreiben. Im Vorschulalter sind Erinnerungsfotos hilfreich.

Variante

Ältere Kinder können auf dem Markt des Lernens sowohl ihre Lernschritte reflektieren als auch neue Lernwünsche formulieren z. B. Saltosprünge lernen, Wurzeln ziehen usw. Hierhin gehört auch das Thema *Lernen lernen* d. h. Was ist beim Lernen wichtig? Was kann ich schon gut? Wo kann ich mich wie verbessern? Was kann ich Mitschülern beibringen? All dies könnte in eine Lernkartei der Gruppe bzw. Klasse aufgenommen werden.

Alter	ab 5 Jahre bis Ende der Schulzeit
Zeit	ca. 1 Stunde
Sozialform	Einzelspiel
Material	bunte Pappe, Fotos, Lernleiter

Vierter Baustein

Empathie entwickeln

Urteile nicht, bevor du nicht
in meinen Mokassins eine
Meile lang gegangen bist.
Indianisches Sprichwort

Gefühle sind nicht nur Spiegelbilder unserer Person sondern vor allem Fenster zu anderen Menschen. Zur emotionalen Intelligenz gehört daher nach Ansicht von Daniel Goleman[124] die Fähigkeit, „zu wissen, was andere fühlen. Wer einfühlsam ist, vernimmt eher die versteckten Signale, die einem anzeigen, was ein anderer braucht oder wünscht." Nur wer bereit ist, sich auf den achtsamen Balanceakt zwischen der eigenen Gefühlswelt und der seiner Mitmenschen einzulassen, entdeckt den *Schatz der Empathie*. Er ist besonders wertvoll, denn er bildet den Kern unseres Menschseins, unseres Moralempfindens. So meinte schon der französische Philosoph Jean-Jacques Rousseau[125]: „Solange die Empfindsamkeit auf das Individuum beschränkt bleibt, haben die Taten keinen moralischen Charakter. Wenn es sich als moralisches Wesen fühlt, muss es sich über seine Beziehungen zu den Menschen kennen lernen: Das ist die Aufgabe seines ganzen Lebens. Erst wenn das Kind über sich hinauswirkt, beginnt es zu fühlen und bekommt den Begriff von Gut und Böse, der es wahrhaft zum Menschen macht."
Hierzu benötigt es die Fähigkeit, sich in die Lage eines anderen Menschen hineinzuversetzen, sein Denken und Fühlen zu verstehen, zu respektieren und angemessen darauf zu reagieren. Ausgehend von unseren eigenen Erfahrungen fühlen wir uns in die Persönlichkeit eines anderen hinein. Ein Kind, das also gelernt hat, seine eigenen Gefühle ernst zu nehmen, wird über fremde Gefühle, egal welcher Art, nicht spotten können. Und es wird über die Beschäftigung mit Anderen viel über sich selbst erfahren. Die Psychologin Jirina Prekop[126] formuliert treffend: *„Der Mensch wird am Du zum Ich."* Diesem emotionalen Wachstum gehen viele kleine Bewusstseinsschritte voraus, die Prekop wie folgt beschreibt:

- Ich möchte mich in einen anderen Menschen hinein versetzen, seine Gefühle wahrnehmen.
- Ich vergleiche seine mit meinen Gefühlen. Habe ich Ähnliches erlebt? Was fühlte ich damals?
- Ich trete bewusst in den Hintergrund, denn: Ich und Du sind verschieden. Der Andere kann das Gleiche anders empfinden als ich. Ich betrachte seine Lage aus seiner und nicht aus meiner Perspektive.
- Ich suche den gefühlsmäßigen Einklang zwischen uns Beiden.
- Ich weiß nun, wie ich einfühlsam handeln und was ich für den Anderen tun kann, damit es ihm gut geht.

Die grundlegenden Lektionen der Empathie werden ganz früh entwickelt z. B. im Austausch von Blicken und Lauten zwischen Mutter und Kind. „Eine Mutter wiegt ihr Kind nicht nur in den Armen, sondern auch in ihrem Blick und ihrem Bewusstsein."[127] Die Mutter und ihr zwei Monate altes Baby sind so aufeinander abgestimmt als „würden sie miteinander tanzen. Sobald eine Mutter zu ihrem Baby zu sprechen beginnt, werden ihre Bewegungen gleichmäßig und verhalten. Sie spricht leiser und sanfter, ist hochkonzentriert, das Warten und Beobachten nimmt bei ihr ebenso viel Raum ein wie das Sprechen. Ihre Sprechweise verändert sich durchgängig, hin zu der gleichförmigen, an Wiederholungen reichen Struktur und der rhythmischen, fragenden Satzmelodie der sogenannten *Babysprache*."[128] Singend und spielerisch verfestigt sich allmählich die Kommunikation zwischen Eltern und Kind. Wer von uns hat nicht vor Freude gequietscht, als er auf dem Schoß der Mutter *Hoppe, hoppe Reiter* oder über den Kopf des Vaters kreisend den *Flieger* spielen durfte. Die bestätigenden Botschaften dieser Interaktionen geben dem Kind das beruhigende Gefühl, emotional verstanden zu werden und mit der geliebten Person verbunden zu sein. Jetzt funkt es zwar zwischen Eltern und Kind aber noch nicht zwischen den Kindern untereinander. Kommunikationsmeister fallen schließlich nicht von Himmel! So ist es durchaus normal, wenn ein sechsmonatiges Kind weniger am Kontakt mit anderen Kindern interessiert ist, als vielmehr daran, die Welt der Dinge mit allen Sinnen zu erkunden, an ihnen zu saugen oder damit auf den Boden zu hämmern.

Einjährige beachten sich kaum, wenn sie gemeinsam in einem Zimmer sind. Ihre Umwelt nimmt sie sensorisch, emotional und intellektuell noch voll in Anspruch. Erst am Ende des ersten Lebensjahres macht ein Kind die existentielle Erfahrung: *Ich bin nicht allein auf der Welt! Es gibt noch andere Wesen, die so aussehen und so sprechen wie ich! Die Welt ist nicht nur für mich da sondern auch für andere!* Mit etwa 15 Monaten beginnen Kinder, sich bewusst wahrzunehmen und sich miteinander zu beschäftigen. Jetzt ahmen sie eifrig die Erwachsenen nach, zeigen sich Gegenstände, um zu beobachten, wie ihr Gegenüber darauf reagiert. Allmählich lernt das Kind den Anderen als eine Person mit eigenen Wünschen, Interessen und Gefühlen kennen. Aber Vorsicht: Zu diesem Zeitpunkt kann es sich noch nicht in andere Menschen hineinversetzen. Noch lebt es gedanklich ganz im Hier und Jetzt, in der unmittelbaren Konfrontation mit Dingen und Menschen. Es vermag noch nicht über Vergangenes oder gar Zukünftiges nachzudenken. Sein Einfühlungsvermögen ist sehr schablonenhaft, und die Waagschalen seiner Gefühlswelt können rasch kippen. Heute kann es verkünden „*Wir werden heiraten!*" und morgen schon schmollend in der Ecke behaupten „*Du bist nicht mehr mein Freund!*" und dies mit allen Konsequenzen des Liebesentzugs. Was für

uns nach seelischer Grausamkeit aussieht, ist für das Kind ein wichtiger Lernprozess. Es lernt die Waagschalen von Zu- und Abneigung, von Freund und Feind, von Freud und Leid feinfühlig auszupendeln und die Zwischenräume mit Erfahrungen zu füllen.
Schon mit zwei Jahren erkennt das Kind, dass sich seine eigenen Gefühle von denen der anderen Kinder und Erwachsenen unterscheiden. Es merkt, dass zwischen seinem Riesenspaß – zum Beispiel solange am Tischtuch zu ziehen, bis alle Tassen und Gläser laut klirrend zu Boden fallen – und dem Ärger der Mutter große *Gefühlswelten* liegen.
Etwa mit drei Jahren vollzieht es einen für die Entwicklung seines Altruismus (Selbstlosigkeit) und seiner Empathie bedeutsamen Wechsel: Von der besitzergreifenden Beziehung hin zur Fürsorge. Nun weiß es: *Das gehört mir, und ich sorge dafür.* Im Unterschied zu den Kleineren können Schulkinder sich schon wesentlich besser in die Lage anderer Menschen hineinversetzen. Aber eine Schwachstelle haben auch sie noch lange: Im Austeilen sind sie stark, im Wegstecken jedoch sehr empfindlich.
In der späten Kindheit ist das Einfühlungsvermögen schon recht weit entwickelt. Jetzt ist das Kind in der Lage, den Kummer eines Einzelnen zu begreifen oder sich in die Notlage einer ganzen Gruppe (z. B. Arme, Unterdrückte, Diskriminierte) hinein zu versetzen.
Aber schon in den *Grundregeln zur Menschenkenntnis* des französischen Philosophen Jean-Jacques Rousseau[129] wird deutlich, dass unser Einfühlungsvermögen nicht grenzenlos ist:

- Der Mensch kann sich nicht in die Lage derer versetzen, die glücklicher sind, nur in die Lage derer, die unglücklicher sind.
- Man beklagt bei anderen die Leiden, vor denen man selbst nicht sicher zu sein scheint.
- Das Mitleid, das man mit anderen empfindet, wird nicht nach der Größe ihres Leidens gemessen, sondern nach dem Gefühl, das man dem Unglücklichen beimisst.

Übrigens, wussten Sie schon: Wenn wir vom Gähnen anderer angesteckt gleichfalls gähnen, dann verfügen wir über ein hohes Maß an Einfühlsamkeit. Psychologen der Universität Albany wiesen nach, dass es zwischen Empathiefähigkeit und Mitgähnen einen Zusammenhang gibt. Per Fragebogen erhoben die Forscher die Persönlichkeitsmerkmale ihrer Testpersonen und zeigten ihnen dann Videos gähnender Menschen. Besonders empathische Charaktere ließen sich von der Müdigkeit mitreißen, unsensible Menschen nicht. Die Erklärung: Mitfühlende Menschen versetzen sich in andere hinein, dies erhöht ihre *Ansteckungsgefahr* beim Gähnen.

Auf den hohen Stellenwert der Empathie in der kindlichen Entwicklung wies auch der Dalai Lama[130] in einem Gespräch mit prominenten Wissenschaftlern hin. Er empfiehlt „schon die Kinder in ihren frühen Jahren an die Werte des Mitleidens, der liebenden Güte und der Selbstlosigkeit heranzuführen. Wenn möglich sollten diese Werte sogar in den Lehrplan der Schulen aufgenommen werden."

Was Pädagogen beherzigen sollten

- Lassen Sie Ihr Baby während der Schwangerschaft spüren, wie sehr Sie sich über seine Existenz freuen. Heißen Sie es nach der Geburt mit vielfältigen Liebesbekundungen – Lächeln, Streicheln, Schmusen und Lautmalerei – willkommen.
- Fördern und genießen Sie das emotionale Miteinander mit Ihrem Kind so oft es geht. Vor allem als Kleinkind braucht es viel Hautkontakt, Zärtlichkeit und Zuneigung.
- Leiten Sie das Kind zu fürsorglichem Umgang mit den Dingen seiner Umgebung an. Vermeiden Sie eine *Kaputt-und-weg-Mentalität*. Denn die Wertschätzung des Menschen beginnt mit der Achtung vor den kleinen Dingen des Alltags.
- Jeder noch so große Streit sollte vor dem Schlafengehen und beim Abschied geschlichtet sein: *„Über den Ärger heute morgen reden wir noch in Ruhe. Aber jetzt wünsche ich dir einen schönen Tag. Ich habe dich lieb!"*
- Sprechen Sie über Ihre Gefühle und die anderer Mitmenschen. Konfrontieren Sie das Kind mit der Gefühlswelt der Erwachsenen. So lernt es allmählich, sich in andere hinein zu denken und zu fühlen.
- Respektieren Sie alle Gefühle des Kindes – aber nicht grenzenlos. Führen Sie bestimmte Toleranz- und Anstandsregeln ein, an die sich alle in der Familie, in der Gruppe oder Klasse halten sollten.
- Vermeiden Sie vergleichende Kritik wie *„Dein Bruder ist schlauer!"* oder *„Die Mädchen sind fleißiger als ihr Jungs!"*
- Üben Sie sich in der hohen Kunst des aktiven Zuhörens; zeigen Sie Ihr Interesse an der Gefühlswelt des Kindes. Lehren Sie es, bei jedem Menschen genauer hinzuhören und hinzusehen, um Vorurteile zu vermeiden: *„Weißt du, was dieses Kind gerne mag, wo es wohnt, ob es Freunde hat oder allein ist?"*

- Erweitern Sie seinen Empathiehorizont: „*Was glaubst du, wie sich das Kind fühlt, wenn es seinen Teddy verloren hat. Kannst du ihm helfen?*" Lesen Sie ihm einfühlsame Geschichten über Freud und Leid anderer Menschen vor. Ermuntern Sie es zu Rollenspielen, in denen es mimisch, sprachlich und emotional in verschiedene Rollen schlüpfen kann. Aber denken Sie auch daran, dass kein Kinderbuch die real gelebte Anteilnahme zu ersetzen vermag.
- Fördern Sie die gegenseitige Hilfe unter den Kindern z.B. durch Gruppenarbeit, selbstorganisiertes Lernen, Brieffreundschaften, Patenschaften und Spendenaktionen.

Spiele, Spiele, Spiele

4.1 Sag mir, wie ich mich fühl

Bei diesem Paarspiel stehen sich zwei Kinder gegenüber. Eines übernimmt die Rolle des Spiegelbildes, das seinen Spiegel fragt: „Spieglein, Spieglein an der Wand sei nicht so kühl, sag mir, wie ich mich fühl!" Der Spiegel versucht nun die Gefühle des Partners gestisch, mimisch oder sprachlich zu beschreiben. Wenn sich das Spiegelbild vom Spiegel verstanden fühlt, dann beginnt das Spiel mit wechselnden Rollen von neuem.

Tipp

Geben Sie den Kindern vor Spielbeginn die Zeit, ihren Spiegelpartner genau zu beobachten. Dann wird ihnen das Spiegeln leichter fallen.

Alter	ab 5 Jahre bis Ende der Grundschulzeit
Zeit	ca. 5 Minuten
Sozialform	Paarspiel

4.2 Die Zwillingstürme

Hier gilt das Motto *Gemeinsam sind wir stark*: Die Kinder bilden Paare. Auf dem Boden liegen einige Bausteine verteilt. Aufgabe eines jeden Paares ist es, mit gegenseitiger Hilfe zwei gleich hohe Türme zu bauen. Einer der Spieler bekommt die Augen verbunden und muss nach Anweisung des sehenden Spielers den Turm so hoch wie möglich bauen. Ist das Ziel erreicht, wird gewechselt: Nun gibt der zuvor blinde Spieler seinem Mitspieler die Augenbinde und erteilt nun die Anweisungen für den zweiten Zwillingsturm, der neben dem ersten Turm in gleicher Höhe errichtet werden muss. Das Ziel ist erreicht, wenn beide Türme unbeschadet mit einer Querbrücke (z. B. längerer Baustein, Stock) verbunden werden können.

Alter	ab 3 bis 6 Jahre
Zeit	10 – 20 Minuten
Sozialform	Paarspiel
Material	Bausteine, Augenbinde

4.3 Der gefühlvolle Flaschengeist

Wer hat als Kind nicht gerne Botschaften per Flaschenpost verschickt? Diesmal sind es Gefühlsbotschaften. Ein Kind schreibt heimlich seine derzeitige Gefühlsstimmung auf einen Zettel und steckt diesen in eine leere Flasche. Die Gruppe sitzt auf der Erde und die in der Mitte liegende Flasche wird kräftig gedreht. Wenn sie ausgedreht hat, zeigt ihr Flaschenhals auf ein Kind. Nun erklärt der Spielleiter mit tiefer, wohliger Stimme: „Öffne den Korken und befreie mich aus der Flasche! Ich bin der gefühlvolle Flaschengeist, und ich bringe dir eine geheime Botschaft. Lies den Zettel und sage mir, wer in eurem Kreis sich so fühlt!" Das angesprochene Kind versucht gemeinsam mit der Gruppe herauszufinden, welches Kind sich wohl wie auf dem Zettel beschrieben fühlen könnte.

Tipp

Wenn Sie dieses Spiel mit jüngeren, schreibunkundigen Kindern spielen möchten, dann lassen Sie die Flaschenbotschaften malen. Werden unangenehme Gefühle z. B. Angst ausgedrückt, so fragt die Gruppe: „Wie können wir dir helfen?" Dabei sollte der Spielleiter darauf achten, dass die Kinder nur solche Wünsche äußern, die kostenlos durch mitmenschliches Verhalten erfüllt werden können. Mit dem *Gefühlvollen Flaschengeist* lernen Kinder, die Gefühlsstimmungen anderer zu beobachten und zu verstehen.

Variante

Diesmal spielt ein Kind selbst die Flasche. Es liegt zusammengerollt in der Mitte und lässt sich von seinen Mitspielern im Kreis drehen. Auf den Mitspieler, bei dem es zu stoppen kommt, zeigt es mit dem Finger und fragt mit geheimnisvoller Stimme: „Ich bin der gefühlvolle Flaschengeist. Sag an, wie fühlst du dich und wie kann ich dir helfen?" Das angesprochene Kind erläutert nun seine Gefühlsstimmung und äußert seinen Hilfewunsch. Je nach Wunsch kann der Flaschengeist allein helfen oder er bittet die Mitspieler um Mithilfe. (Im ersten Baustein, S. 73, finden Sie als weitere Spielvariante „Der weise Flaschengeist".)

Alter	ab 7 Jahre bis Ende der Grundschulzeit
Zeit	5 – 10 Minuten
Sozialform	Gruppenspiel
Material	leere Flasche, Zettel, Stift

4.4 Das doppelte Lottchen

Dieser Rücken-an-Rücken-Zweier ist nicht ohne! Zwei Kinder sitzen mit den Rücken aneinander gelehnt auf der Erde. Nach dem Startkommando des Spielleiters versucht jedes *Doppelte Lottchen* sich gemeinsam vorwärts zu bewegen und dabei so weit wie möglich zu kommen, ohne seine Rücken-an-Rücken-Haltung je aufzugeben. Gar nicht leicht, aber lustig und dabei vertrauensbildend, denn jeder Mitspieler muss sich auf seinen Partner einstimmen und verlassen können. Nur so kann *Das doppelte Lottchen* weit kommen.

Tipp

Nach kurzer Übungsphase markiert der Spielleiter eine Zielgerade und legt die Spielregel fest: Die Paare, die auch nur kurz ihre Rücken-an-Rücken-Haltung aufgeben, scheiden aus. Es ist ratsam, zwei Hilfsschiedsrichter zu bestimmen, um alle fehlerhaften Paare auszumachen.

Variante

Beim schweigenden *Doppelten Lottchen* brauchen die Kinder viel Einfühlungsvermögen, denn jetzt herrscht Redeverbot! Übrigens: Po-an-Po könnten sich die Paare auch bewegen.

Alter	ab 5 Jahre bis Ende der Grundschulzeit
Zeit	5 – 10 Minuten
Sozialform	Paarspiel

4.5 Gebrochene Herzen

Die Kinder basteln aus fester Pappe große Herzen, die sie in der Mitte im beliebigen Muster durchschneiden. Die Herzhälften werden gemischt, jeder Mitspieler erhält eine Hälfte und begibt sich auf die Suche nach dem passenden Partner. Die vereinten Paare setzen sich zusammen und erzählen sich ihre Herzenswünsche.

Tipp

Auch hier gilt die Regel, nur solche Wünsche zu äußern, die kostenlos durch mitmenschliches Verhalten erfüllt werden können.

Alter	ab 4 bis 9 Jahre
Zeit	10 – 20 Minuten
Sozialform	Gruppenspiel
Material	Pappe, Schere

4.6 Schiff ahoi!

Es ist nicht einfach, als großer Überseedampfer unbeschadet durch eine enge Einfahrt in den Hafen einzulaufen. Die Pfosten der Hafeneinfahrt spielen diesmal zwei Kinder, die sich ca. ein Meter entfernt gegenüberstehen. Viele solcher Paare stehen verteilt im Raum. Nun wird ein weiteres Kinderpaar für folgende Rollen ausgewählt: Ein Kind spielt mit verbundenen Augen den Überseedampfer, der jedoch, um unbeschadet in den Hafen einlaufen zu können, einen kleinen, erfahrenen Lotsen braucht. Diesen spielt das zweite Kind, das den *blinden Dampfer* mit einem akustischen Signal (Klangschale, Klanghölzer, Triangel oder Pfeifzeichen) unbeschadet durch die Hafeneinfahrten d.h. zwischen den Kinderpaaren im Raum lotst. Berührt der Dampfer dabei ein Kind, also die Kaimauer, so muss er ausscheiden. Nun versucht ein neues Dampfer-Lotse-Paar sein Glück.

Tipp

Je enger die Hafeneinfahrt, also je näher sich zwei Kinder gegenüberstehen, um so schwerer wird's für den Dampfer und seinen Lotsen.

Variante

Im Märchenwald stehen riesige Urwaldbaum-Paare im Raum, durch die der Zwerg die verwunschene, blinde Fee lotsen muss.

Alter	ab 3 Jahre bis Ende der Grundschulzeit
Zeit	5 Minuten
Sozialform	Gruppenspiel
Material	1 Augenbinde, 1 Klangsignal (z. B. Klangschale, Triangel, zwei Klanghölzer oder zwei Teelöffel)

4.7 Händequiz

Fünf bis sechs Kinder bilden einen Kreis. In der Mitte des Kreises steht ein Kind in der Rolle des *Handlesers*. Alle Mitspieler reichen ihm stumm die Hand. Der *Handleser* betrachtet jede Hand genau und versucht, sich ihren Besitzer zu merken. Nun werden die Augen des *Handlesers* verbunden und ein Mitspieler zeigt ihm erneut die Hände. Welchem Kind gehört wohl diese Hand? Rät er richtig, dann geht's mit wechselnden Rollen weiter: Diesmal spielt das erratene Kind den *Handleser*.

Tipp

Geben Sie den Kindern Tipps, woran sie Hände tastend wiedererkennen können z. B. an der Temperatur, an der Länge der Finger, an Unebenheiten, an trockener Haut usw.

Variante

Mit sauberen Füßen (z. B. im Freibad) kann man auch Fußquiz spielen!

Alter	ab 5 Jahre bis Ende der Grundschulzeit
Zeit	5 Minuten
Sozialform	Gruppenspiel
Material	1 Augenbinde

4.8 Der Doppelgänger

Die Kinder bilden Paare, wobei ein Kind die Rolle des Redners übernimmt und das andere die des Gestikulierers. Zunächst arbeiten beide Kinder gemeinsam eine kurze Rede, eine typische Alltagssituation, einen witzigen Werbespot oder ähnliche Sketchsituationen aus. Nun treten beide auf die Bühne: Der Redner steht vorne für alle gut sichtbar, seine Arme versteckt er hinter seinem Rücken. Das zweite Kind – in der Rolle des Gestikulierers – versteckt sich hinter dem Rücken des Redners und streckt nur die Arme nach vorne. Das heißt: Jetzt ersetzen die Arme des Gestikulierers die des Redners. Nun kann die lustige Vorführung beginnen, bei der sich beide bemühen so gut wie möglich Worte und Gestik aufeinander abzustimmen. Das Lachen ist garantiert!

Tipp
Hier einige lustige Sketchvorschläge: Werbespot für Kindershampoo, Mutter verwarnt ihr Kind, Reiseführer auf einer Busfahrt, der Wetterbericht.

Alter	ab 7 bis 12 Jahre
Zeit	10 – 20 Minuten
Sozialform	Paarspiel

4.9 Mein Schätzchen

Alle Kinder gehen mit Musikuntermalung durch den Raum. Dabei gucken sie sich heimlich ein *Schätzchen* – d.h. einen Mitspieler, den sie besonders schätzen – aus. Der Spielleiter erklärt: „Wenn die Musik stoppt, dann lauft ihr dreimal um euer Schätzchen herum. Wenn ihr euer Schätzchen *umgarnt* habt, meldet ihr euch. Wer aber euer Schätzchen ist, das bleibt für immer euer Geheimnis!"

Tipp

Achtung: Schweigen ist oberstes Gebot! Nur wer es geschafft hat, dreimal um sein *Schätzchen* zu gehen, kann behaupten, es erfolgreich *erobert* zu haben. Da sicher mehrere Kinder dasselbe Schätzchen werden umkreisen wollen, entstehen witzige Situationen und Konstellationen. Dieser Stopptanz ermöglicht Kindern auf lustige Weise, ihre heimlichen Vorlieben für bestimmte Mitspieler auszudrücken, ohne sich dabei *outen* zu müssen.

Alter	ab 4 bis 8 Jahre
Zeit	ca. 5 Minuten
Sozialform	Gruppenspiel
Material	Beschwingte Musik z.B. „Marmor, Stein und Eisen bricht, aber unsere Liebe nicht ..."

4.10 Deine Mokassins

„Was meinten die Indianer wohl mit diesem Sprichwort: *Urteile nicht, bevor du nicht in meinen Mokassins eine Meile lang gegangen bist.*"
Im Gespräch versuchen die Kinder den Spruch zu deuten und ihn auf ihren alltäglichen Umgang mit ihren Mitmenschen zu beziehen. Erst wenn sie den Sinn herausgearbeitet haben, – nämlich dass man einen Menschen erst kennen und sich in ihn hineinversetzen muss, bevor man über ihn urteilt – kann das Spiel beginnen: „Bitte bildet Paare. Heute dürft ihr euch gegenseitig mal ganz genau beobachten. Achtet auf jedes Detail eures Partners z. B. auf seine Gewohnheiten, auf seine Körperhaltung, auf das Tempo und die Lautstärke seiner Schritte, auf seine Sprache, seine Art zu essen und natürlich auf sein Verhalten gegenüber anderen Kindern. Wenn ihr wollt, könnt ihr euch Notizen machen." Am nächsten Tag erklärt der Spielleiter: „Heute tauscht ihr als Paare die Schuhe miteinander aus! Denkt und fühlt euch einen Tag lang in euren Mitspieler hinein. Versucht seine Verhaltensweisen und Eigenarten so gut ihr könnt nachzuahmen." Die Übung endet mit einer Gesprächsrunde: Wie habe ich mich in den Mokassins meines Mitspielers gefühlt?

Tipp
Es ist ratsam die Paare vorab nach Schuhgröße zusammenzustellen, damit der Schuhtausch nicht unnötige Fußblasen hervorruft, was im übrigen auch nicht tragisch wäre.

Variante
Erklären Sie den Kindern, dass die amerikanische Meile 1,6 Kilometern entspricht. Sicher wäre es eine interessante Erfahrung, auf einem Ausflug diese Strecke mal in den Schuhen eines anderen Kindes zu erlaufen.

Alter	ab 7 Jahre bis 12 Jahre
Zeit	2 Tage (1 Beobachtungs-, 1 Übungstag)
Sozialform	Paarspiel

Fünfter Baustein

Soziale Kompetenz erwerben

Von allem, was Weisheit zur Glückseligkeit des ganzen Lebens bereitstellt, ist weitaus das Größte die Erwerbung der Freundschaft.
Epikur

„Insekten – vor allem Ameisen und Bienen – liefern eindrucksvolle Beispiele für soziale Kooperation, welche die Vollversammlung der Vereinten Nationen eigentlich sehr beschämen müssten," gibt der Neurologe und Hirnfoscher Antonio Damasio[131] humorvoll zu bedenken. Er glaubt, dass das komplexe Sozialverhalten vieler Tiere auf einer angeborenen neuronalen Steuerung beruht. Dem Menschen dagegen wird die soziale Intelligenz[132] nicht in die Wiege gelegt. Er steht von Geburt an im Spannungsfeld zwischen seinen egoistischen Bedürfnissen und der starken Sehnsucht, eine Gemeinschaft von Menschen zu finden, der er sich zugehörig fühlt. Im Gegensatz zum egozentrischen Motto *„Gib Gas ich will Spaß!"* heißt die goldene Regel des Gemeinsinns *„Was du nicht willst, das man dir tu, das füg auch keinem anderen zu!"* In einer Hinsicht unterscheiden wir uns nicht von der Biene oder Ameise: Wir sind als Gemeinschaftswesen – als *zoon politikon* wie Aristoteles uns nannte – auf Gedeih und Verderb auf die Gemeinschaft angewiesen.
So meint der Psychologe Manfred Spitzer[133]:

„Der lernende Mensch ist kein Nagetier, das reflexhaftes Verhalten produziert, je mehr Futterkügelchen es für ein bestimmtes Verhalten erhält. Menschliches Lernen vollzieht sich immer schon in der Gemeinschaft und gemeinschaftliches Handeln ist der bedeutsamste Verstärker. Genauso wie man Sprechen nur in einer Sprachgemeinschaft durch Sprechen und Verstehen lernt, lernt man Sozialverhalten nur in einer Gemeinschaft, in und mit der man handeln darf und kann. Eine Gemeinschaft ist dann stabil, wenn sie so organisiert ist, das jeder Einzelne das für sich will, was auch der Gemeinschaft dient, die ihn trägt und erhält."

In der Kindheit müssen wir uns Schritt für Schritt die sozialen Konventionen und ethischen Werte unseres Kulturkreises aneignen. Dagegen sind die Regeln der Grammatik geradezu ein Kinderspiel. So muss jedes Kind lernen, dass es zwar auf die Trommeln, nicht aber auf die Köpfe seiner Spielgefährten schlagen darf oder, dass es, während es angeregt mit anderen Kindern spielt, bei seinem besten Freund Eifersuchtsgefühle auslösen kann. Das Bewerfen mit Sand oder ein herzhafter Biss in den Arm des Spielgefährten gehören so lange zu seiner *Welterforschungsstrategie* bis ihm andere Kinder Grenzen zeigen.
Erst allmählich erwirbt das Kind seine Sozialkompetenz d. h. die Fähigkeit, Kontakte zu knüpfen, tragfähige Beziehungen zu gestalten und ein gutes *Beziehungsnetzwerk und -management* zu betreiben. Doch bevor das Kleinkind diese hohe Stufe der emotionalen Intelligenz erreicht, muss es über ein Mindestmaß an Selbstkontrolle verfügen und – nach Ansicht des amerikanischen Kognitionspsychologen Howard Gardner[134] – vier Fähigkeiten erwerben:

- Gruppen organisieren: Gruppenbildung initiieren und koordinieren. Dies machen Kinder wenn sie z. B. auf dem Spielplatz als Mannschaftskapitän bestimmen, was gespielt wird und wer mitspielen darf.
- Lösungen aushandeln: als Vermittler mit diplomatischem Geschick Konflikte verhindern oder lösen.
- Persönliche Verbindung: mit Empathie die Kunst der Beziehungsknüpfung und -pflege beherrschen.
- Soziale Analyse: die Gefühle, Motive und Anliegen einer ganzen Gruppe entdecken, verstehen und respektieren.

Auch für Daniel Goleman[135] bilden diese vier Bausteine die „Grundlage von Beliebtheit, Führung und interpersonaler Effektivität. Diejenigen, die in diesen Fähigkeiten glänzen, sind erfolgreich in allem, was darauf beruht, reibungslos mit anderen zusammenzuarbeiten – sie sind *soziale Stars*. Wer diese sozialen Fähigkeiten besitzt, kann eine zwischenmenschliche Begegnung gestalten, kann andere mobilisieren und inspirieren, hat gute freundschaftliche Beziehungen, kann andere überzeugen und beeinflussen, kann eine entspannte Atmosphäre schaffen."

Sozial kompetente Menschen zeichnen sich dadurch aus, dass sie gut in Teams arbeiten und andere motivieren, aber auch falsche Freunde und Intrigen erkennen können. Vor allem kennen sie das Grundprinzip sozialen Lebens, nämlich, dass Emotionen ansteckend sind. Wir vermitteln einander Stimmungen und fangen die Stimmungen anderer auf, als wären sie *soziale Viren*. In der Interaktion zweier Menschen wird die Stimmung desjenigen, der seine Gefühle stärker äußert, auf den passiven übertragen. Es geht also auch um die emotionale Synchronisation: Wenn Menschen sich auf die Stimmungen anderer einstellen oder andere leicht in den Bann ihrer eigenen Stimmungen ziehen können, dann laufen die Interaktionen auf der emotionalen Ebene reibungsloser.

Dies lernen Kinder besonders gut in Freundschaften. Hier finden sie heraus, wer sie sind und wohin sie gehören, hier lernen sie, sich von anderen abzugrenzen und doch in der Gemeinschaft mit ihnen zu leben. Freunde helfen ihnen, sich realistisch einzuschätzen – viel besser als dies liebende Eltern könnten, die dazu neigen, selbst das Schlusslicht der Klasse noch als ihren kleinen Einstein zu feiern. Für den Psychotherapeuten Eckhard Schiffer[136] hat Freundschaft noch eine weitere wichtige Funktion: So meint er in seinem bemerkenswerten Buch *Warum Huckleberry Finn nicht süchtig wurde*, dass „er sich nicht viel zu kaufen brauchte, da er alles, was ihn reich machte, bereits in seiner Welt vorfand: Zeit zum Träumen, Freunde zum Spielen."

Die Wahl der Freunde verläuft je nach Alter unterschiedlich: Die Fünf- bis Achtjährigen wollen Freunde, die sie nicht verletzen. Sie fürchten sich vor Raufereien und Schmerzen. Konsequenzen werden rasch gezogen: Wer mir wehgetan hat, ist nicht mehr mein Freund! Dagegen suchen Zehn- bis Zwölfjährige Freunde, die sie vor Hänseleien und Beleidigungen schützen. Hier gilt unter Verbündeten: Wer mich verrät ist nicht mehr mein Freund! Erst Jugendliche suchen Freunde, denen man eigene Schwächen anvertrauen kann, ohne sich bloßgestellt zu fühlen. In dieser Altersstufe gilt: Wer mein Geheimnis preisgibt oder über meine Verletzlichkeit lacht, ist nicht mehr mein Freund! Freundschaften sind also wichtige Gradmesser für den emotionalen Entwicklungsstand eines Kindes.

Zu den höchsten Leistungen im Bereich der sozialen Kompetenz zählt es zweifellos, einen Konflikt konstruktiv für alle Beteiligten zu lösen. Dazu bedarf es bestimmter Spielregeln[137], die das Kind im Alltag erfahren und erlernen sollte:

- Nicht zu mehreren Kindern auf ein Kind losgehen.
- Streit beenden, wenn jemand weint oder nicht mehr will.
- Nicht schlagen, sondern reden!
- Meinung frei äußern; in Ruhe ausreden lassen; Sorgen offen aussprechen.
- Grenzen und Verbote erläutern, sie gegebenenfalls abwandeln und verbessern.
- Spielregeln des Zusammenlebens gemeinsam aushandeln und über Konsequenzen beraten.
- Alle Vorschläge zur Konfliktlösung gleichermaßen gelten lassen und überdenken.
- Wer Kompromisse eingeht, verdient Anerkennung. Wer Niederlagen erlebt, braucht Trost.
- Schwierige Fälle erst verhandeln, wenn die Wutwelle abgeebbt ist.
- Weglaufen kann manchmal sinnvoll sein.
- Entschuldigungen sind lobenswert.
- Ein Konflikt oder Streit endet immer mit Versöhnung!

Für den Erziehungswissenschaftler Peter Struck[138] ist „das wichtigste Erziehungsziel für die Kindheit die Konfliktbewältigungskompetenz."
Zank und Streit haben in der Entwicklung des Kindes einen bedeutsamen Stellenwert. In der körperlichen und verbalen Auseinandersetzung erfährt es seine Stärken und Schwächen, erlebt die eigenen Grenzen und die der Anderen. Kurzum: Man kommt sich und dem Kontrahenten näher. Erst allmählich wächst das Repertoire an Konfliktbewältigungsstrategien: Ein

wutschnaubender Sechsjähriger, der die Gründe für seine Aggression noch nicht nennen kann, wird sicher nicht mit seinem Kontrahenten diskutieren können. Er wird die Gelegenheit nutzen, seine körperliche Schlagkraft zu testen. Von einem Zehnjährigen, der bereits seine verletzten Gefühle erläutern kann, sollte man jedoch erwarten, dass er die Fäuste in der Tasche ballt und seine verbale Schlagkraft zur Verteidigung nutzt. Beobachtet man die Interaktionen einer Kindergruppe, stellt man fest, wie gnadenlos sie ablaufen können: Der Schüchterne wird gehänselt, der Brillenträger ausgelacht und der Angeber scheint der Gewinner zu sein, weil seine Mutter ein Mercedes-Kabriolett fährt. Doch keine Sorge, dies ist nicht von langer Dauer. Je älter das Kind, umso differenzierter wird es in seinen sozialen Urteilen und emotionalen Verhaltensweisen. Allmählich entdeckt es die Hohlheit des Angebers, die interessante Seite des Brillenträgers und die Warmherzigkeit des Schüchternen. Aber bei dieser Entdeckungsreise in die Welt der vielfältigen Individuen braucht es unsere Hilfe. Unsere Hilfspalette sollte je nach Anlass und Alter weit gefächert sein: Von kleinen, witzigen Anmerkungen („*Na wie gut, dass wir kein Kabriolett haben, denn Kabriolettfahrer sind oft erkältet!*") über Spiegelungen („*Wie würdest du dich fühlen, wenn du kurzsichtig bist und von allen ausgelacht wirst?*") bis hin zu ernsten Gesprächen über Vorurteile, Diskriminierung und Menschenrechte.

Auch hier ist unser Vorbild maßgeblich! Eine Mutter, die ständig von ihrer ungemein begabten Tochter spricht oder ein Vater, der seine Rolex-Uhr bei jedem Elternabend blinken lässt, kann in Sachen sozialer Kompetenz nicht allzu viel von seinen Kindern erwarten. Bei der Gradwanderung zwischen schüchternem Understatement und aufgeblasener Prahlerei argumentieren so manche Eltern, dass sich ihr Kind in der Ellbogengesellschaft behaupten müsse. Allerdings verwechseln sie Rücksichtslosigkeit mit dem eigentlichen Rüstzeug für die Zukunft, nämlich dem Selbstvertrauen. „Die Unsicherheit der Eltern hat zwei Gesichter – das der unmäßigen Strenge und das der ebenso unmäßigen Nachgiebigkeit."[139] Welches von beiden Verhaltensweisen die schlimmere ist, vermag ich nicht zu sagen. Aber eines ist sicher: Die Fraktion der „Prinzeneltern" wird immer stärker und hält nunmehr das Zepter in der Erziehung. Sie wissen mit dem Begriff Prinzeneltern nichts anzufangen? Nun, diese Eltern bringen eines schönen Tages ein Prinzenkind auf die Welt und:

- stellen es in Watte verpackt auf ein Podest
- räumen ihm beim Laufenlernen alle Kleinsthindernisse aus dem Weg
- schließen all seine Knöpfe und schnüren all seine Schleifen
- verhindern jedes Fallen und *Wehwehchen*

- fahren es täglich zur Schule und tragen ihm den Turnbeutel hinterher
- fönen es nach dem Schwimmen
- beseitigen alle Pfützen, damit es sich nicht schmutzig macht
- fragen *„Was haben wir an Hausaufgaben auf?"*
- wundern sich dann, warum ihr Kind kein Problem selbstständig lösen kann!

Prinzeneltern können keine Grenzen setzen, gewähren ihren Kindern jeden Wunsch und klagen dann über schrankenloses Verhalten. Achtung, diese Eltern werden von Kindern als unsicher, schwach und daher beherrschbar angesehen. Die Einsicht, dass es Grenzen, Probleme und Konflikte zwischen Menschen gibt, die man anerkennen, meistern oder aushandeln muss, gedeiht nicht im Prinzenschloss. Nur im konflikt- und leidensreichen Alltag der großen Gefühle und kleinen Kräche können Kinder ihr Problemlösungsbewusstsein und ihre Konfliktkompetenz schulen.
Bitte glauben Sie nicht, ich hätte als Mutter eines pubertierenden Jungen keine Anwandlungen von Prinzenerziehung, nur weil ich pädagogische Bücher schreibe. Weit gefehlt, auch mich überfällt von Zeit zu Zeit der übertriebene Beschützerinstinkt oder das schlechte Gewissen. Aber ich bin mir bewusst, dass wir in der Erziehung Fehler machen müssen, um aus ihnen für das zukünftige Verhalten zu lernen. „Und wer meint, alles richtig gemacht zu haben, hat genau das falsch gemacht."[140]

Nicht nur im Elternhaus auch für Kindergarten und Schule sollte es heute mehr denn je zu den vordringlichsten Aufgaben gehören, Kindern Strategien der Problembewältigung zu vermitteln. Hilfreich sind dabei Verträge mit einzelnen Kindern zum Wohle der Gemeinschaft – im Sinne eines *contrat social*[141]. So arbeitete die Hauptschule im Bielefelder Stadtteil Baumheide eine Schulordnung aus, in der die Regeln des Miteinanders in kindgerechter Sprache formuliert wurden: *„Wir lösen Streit stets mit friedlichen Mitteln. Wir möchten sein dürfen, wie wir sind, und wir achten die anderen, wie sie sind. Wir sagen unsere Meinung deutlich, aber stets höflich."* Jeder neue Schüler muss sich mit der Schulordnung befassen und unterschreibt, dass er sich an das Regelwerk halten wird: *„Ich habe die Schulordnung gelesen und verstanden, und ich bemühe mich, die Vereinbarungen einzuhalten."*
Vor fünf Jahren schlossen in der Wilhelm-Bracke-Gesamtschule in Braunschweig Lehrer, Eltern und Schüler einen Vertrag über ihre Pflichten und Rechte. Darin sind ebenso die Forderungen nach Pünktlichkeit und Ordnung zu finden als auch der tolerante Umgang mit anderen Kulturen und die Erwartung „die Schule ohne Angst zu betreten." Sicher lösen sol-

che Schulverträge keine Wunder aus, aber sie fördern die heutzutage selten gewordene Kultur des Hinschauens und des Respekts.

Außerdem wissen wir, dass sich Menschen in Gruppen so fördern können, dass die intelligente Leistung der Gruppe größer ist als die Summe der individuellen IQ's. Hier entsteht ein höherer Grad von Intelligenz, nämlich soziale Intelligenz d. h. die einzelnen Gehirne kooperieren und agieren nunmehr als Großhirn. Eine soziale Erfahrung, die wir Kindern und Jugendlichen ermöglichen sollten, denn sie ist auch für ihr Berufsleben von großer Bedeutung.

Die meisten Unternehmensphilosophien basieren heute auf den sogenannten *soft skills*, das heißt auf Teamgeist und *Leadership*. Die Fähigkeit, mit Menschen umgehen zu können wird in der freien Wirtschaft immer bedeutsamer. Die Hierarchien werden flacher und die *Ressourcen* jedes einzelnen Mitarbeiters und jeder einzelnen Führungskraft müssen verstärkt genutzt werden. Nur wer sich selbst führen kann, ist fähig andere zu führen. Die Voraussetzung für erfolgreiches Führungsmanagement ist also eine hohe soziale Kompetenz.

Was Pädagogen beherzigen sollten

- Die Bitte *„Seid schön lieb zueinander"* reicht nicht aus, um aus egoistischen Kindern kooperative Erwachsene zu machen. Die Spielregeln der sozialen Kompetenz lehrt nur das Leben! Im konkreten Miteinander erfährt das Kind seine Grenzen und erwirbt soziale Verhaltensweisen.
- Dafür braucht es großzügige Bewegungs- und Erfahrungsfreiräume. Eigen- und Mitverantwortung lernt es nicht am starren Gängelband sondern nur an der flexiblen Longe.
- Übertragen Sie dem Kind zunehmend Pflichten und Verantwortung im sozialen Miteinander. Fördern Sie seine Mithilfe im Haushalt oder organisieren Sie Lerngruppen, wo Schwache von Starken bzw. Jüngere von Älteren lernen.
- Schätzen Sie im Familien-, Kindergarten- und Schulalltag soziale Kompetenz als übergeordnetes Prinzip wert. Begegnen Sie dem Kind mit Respekt, Verständnis und Liebe. Dies stärkt sein Selbstbewusstsein und seine Teamfähigkeit.
- Loben Sie in der Gruppe oder Klasse nicht immer nur den Besten. Damit sorgen Sie dafür, dass alle anderen sich mies fühlen.
- Sie können eine Gruppe nur motivieren, wenn Sie selbst begeistert sind. Der Funke springt über, wenn Sie Ihr Anliegen mit Leidenschaft vermitteln. Ich nenne dies den *pädagogischen Eros*, die Liebe zum Erzieher- oder Lehrerberuf. Sie sind als emotionales Lebewesen das stärkste Medium für soziale Kompetenz und nicht das Sachbuch!

- Suchen Sie in Ihrer Gruppe oder Klasse gezielt die sensiblen Konfliktlöser und Friedensstifter, die sich für Gerechtigkeit und für das Gute einsetzen. Anerkennen und honorieren Sie ihre Beiträge mit Ihrer Aufmerksamkeit und Wertschätzung. Bilden Sie Streitschlichter aus.
- Verzweifeln Sie nicht, wenn das Kind sich einen Freund auserkoren hat, der nicht ihr Traumtyp ist. Erinnern Sie sich an Ihre Kindheit, wo Ihr rotzfrecher und vollgekleckster Busenfreund bei den Erwachsenen auch nicht toll ankam. Aber Sie fanden ihn umwerfend, gerade weil er seine Meinung unaufgefordert jedem kundtat und auf Sauberkeit pfiff. Betrachten Sie beide Perspektiven, lernen Sie loszulassen, ohne das Interesse für die Freunde Ihres Kindes zu verlieren.
- Bieten Sie partizipative Angebote z.B. Familienkonferenz, Kinderparlament, Diskussionsforen, in denen jedes Kind seine Wünsche und Verbesserungsideen einbringen kann und an deren Umsetzung es möglichst beteiligt ist.
- Weitere Übungsfelder für soziale Kompetenz bieten Sport- und Hobbyvereine, kirchliche und politische Gruppen.

Spiele, Spiele, Spiele

5.1 Lob tut gut!

Wer kennt sie nicht die *trüben* Tage, wo uns nichts gelingt und wir uns in Selbstzweifeln verlieren. Das sind die Augenblicke, wo Lob gut tut! Dies können Kinder in einer Lobrunde erfahren: Sie sitzen im Kreis und ein Kind, das heute etwas Aufmunterung gebrauchen kann, geht in die Kreismitte. Während einer kurzen Bedenkzeit überlegen alle, was ihnen an diesem Mitspieler besonders gut gefällt. Der *Lobeskandidat* schließt die Augen und *sonnt* sich im Lob seiner Mitspieler z. B.: „Ich finde, du kannst gut vorlesen. Mir gefällt es, dass du immer gut gelaunt bist. Du hörst immer zu, wenn andere Kummer haben, das finde ich toll!" Das Ende der Lobrunde bestimmt der *Gelobte* indem er sich bei seinen Mitspielern bedankt.

Tipp

Die Kinder können entweder selbst wählen, wer in die Kreismitte geht oder der Spielleiter hilft ein wenig nach z. B. bei schüchternen Kindern.

Variante

Mit älteren Kindern kann die Lobrunde ausgewertet werden: Welche Gefühle hatte der Gelobte? Warum? Was haben die anderen gefühlt? Löst die Lobrunde auch unangenehme Gefühle aus. Wenn ja, welche?

Alter	ab 5 Jahre bis Ende der Grundschulzeit
Zeit	5 – 10 Minuten
Sozialform	Gruppenspiel

5.2 Wer ist der Chef?

Jeder möchte Chef sein, aber nur einer wird's. Zunächst verlässt ein Kind den Raum. In seiner Abwesenheit wählen die anderen Kinder einen Chef, der von nun an das Gruppengeschehen bestimmt! Er gibt seinen Mitspielern die mimischen und gestischen Verhaltensweisen (lächeln, Zunge rausstrecken, am Kopf kratzen, Sitzposition verändern, in der Nase bohren usw.) vor. Nun wird das vor der Tür stehende Kind hereingebeten und erhält die Aufgabe, den Chef ausfindig zu machen. Das ist nicht so einfach, denn alle Mitspieler bewegen sich gleich, während der Chef die unbeobachteten Augenblicke nutzt, um insgeheim in der Gruppe neue Verhaltensweisen einzuführen.

Alter	ab 5 Jahre bis Ende der Grundschulzeit
Zeit	5 – 10 Minuten
Sozialform	Gruppenspiel

5.3 Tunnelball

Zunächst bilden die Kinder bäuchlings liegend mit den Gesichtern einander zugewandt zwei Reihen. Am Anfang einer jeden Reihe steht ein Kind mit einem Ball. Der Spielleiter gibt das Startsignal. Jetzt rollen beide Kinder den Ball in ihrer Reihe so rasch wie möglich durch die Mitspieler hindurch, die nun als Liegestütze einen Tunnel machen. Der letzte Mitspieler des Tunnels läuft rasch nach vorne und beginnt erneut. Unterdessen hat sich der vorangegangene Ballspieler wieder in die Tunnelreihe eingeordnet. Gewonnen hat die Gruppe, die als erste einen Durchgang schafft.

Tipp

Dieses Spiel eignet sich für die Turnhalle, denn die Kinder brauchen viel Bewegungsfreiraum.

Variante

Der Ball könnte ebenso durch Reihen sitzender Kinder gerollt werden, die jetzt allerdings ihre ausgestreckten Beine anheben müssen.

Alter	ab 4 Jahre bis Ende der Grundschulzeit
Zeit	5 – 10 Minuten
Sozialform	Gruppenspiel
Material	2 Bälle

5.4 Blinde Architekten

Alle Kinder tragen Augenbinden und stehen verteilt im Raum. Der Spielleiter erklärt: „Bitte streckt eure Hände nach vorne aus. Darin lege ich euch gleich ein Stück eines dicken Seils. Wenn ihr mein Startsignal hört, dann beginnt ihr gemeinsam aus dem Seil ein großes Rechteck zu formen."

Tipp

Die beste Lösung ist es, das Seil auf der Erde liegend zu formen. Doch bis dahin knistert die Gruppendynamik: Wer übernimmt das Kommando, wer wird die Ecken bilden, wer überprüft das Gelingen des Rechtecks, wie viel Zeit braucht die Gruppe zur Einigung, geht sie dabei konfus oder zielgerichtet vor? Unter Umständen ist es ratsam, zwei Beobachter zu bestimmen, die den gruppendynamischen Prozess protokollieren.

Variante

Die Gruppe kann aus dem Seil auch ein Dreieck oder einen Kreis formen.

Alter	ab 9 bis 99 Jahre
Zeit	ca. 10 – 20 Minuten
Sozialform	Gruppenspiel
Material	Augenbinden, 1 dickes Seil

5.5 Chef – Vize

Die Kinder sitzen im Kreis, bestimmen einen Chef und einen Vize (Stellvertreter). Alle anderen Kinder zählen durch und merken sich ihre Zahl. Der Spielleiter erklärt kurz die hierarchischen Verhältnisse: „Wir sind eine Firma mit einem Chef und einem Vize und 20 Mitarbeitern. Die Mitarbeiter von 1 – 5 sind Topmanager, die Mitarbeiter von 6 – 15 gehören zum mittleren Management und die restlichen Mitarbeiter arbeiten im Versand oder als Putzkolonne. Aber keine Sorge, wir sind ein Unternehmen mit großen Aufstiegschancen: Rasch kann die Putzfrau zum Chef werden. Dies liegt an eurer Geschicklichkeit." Nun führt der Spielleiter den Viererrhythmus vor:

1. Einmal mit beiden Handflächen auf die Oberschenkel schlagen
2. Einmal die Hände vor der Brust klatschen
3. Mit rechtem Daumen über die Schulter zeigen und dabei die eigene Identität (Zahl, Chef oder Vize) nennen.
4. Mit linkem Daumen über die Schulter zeigen und dabei die Person nennen (Zahl, Chef oder Vize), die das Spiel fortsetzen soll.

So geht es im rasanten Wechsel immer weiter: Jeder Genannte sagt erst seine Zahl (rechter Daumen über Schulter), nennt dann eine neue Zahl (linker Daumen über Schulter) und bestimmt somit den nächsten Mitspieler. Dabei sollten natürlich alle Mitspieler im Rhythmus bleiben. Wer einen Fehler macht (z. B. stottert, Rhythmus nicht einhält), verlässt seinen Stuhl und setzt sich auf den letzten Platz der Firma. Alle anderen Mitspieler rücken bis zum frei gewordenen Stuhl nach und übernehmen die entsprechende Zahl. Und eh man sich versieht, sitzt der Topmanager auf dem Putzfrauenstuhl!

Tipp

Dieses lustige Spiel stärkt das Zusammengehörigkeitsgefühl einer Gruppe. Übrigens: Die Firma kann auch mehr als 20 Mitarbeiter beschäftigen.

Alter	ab 8 bis 99 Jahre
Zeit	10 – 20 Minuten
Sozialform	Gruppenspiel

5.6 Das stille Bild

Die Kinder teilen sich in Gruppen von vier Personen ein. Auf jedem Gruppentisch liegen ein großes Zeichenblatt (mind. DIN A3) und Farbstifte. Der Spielleiter: „Heute entsteht ein Stillleben ganz besonderer Art. Dabei ist Schweigen oberstes Gebot! Malt solange bis ihr mein Klangsignal hört. Dann wechselt ein Kind aus jeder Gruppe im Uhrzeigersinn zur benachbarten Gruppe. Dort malt es am Stillleben der neuen Gruppe weiter. Dabei sind Absprachen strengstens verboten!"

Tipp

Die ideale Gruppenstärke liegt bei 4 bis 6 Kindern. Spannend ist es zu beobachten, ob ein Kind allein vor sich hin malt, ob es Gruppenprozesse initiiert oder sich ihnen eher unterordnet. Erklären Sie den Kindern, dass das Stillleben eine Gattung der Malerei ist, bei der nur unbelebte Gegenstände (Früchte, Geschirr, totes Wild) dargestellt werden.

Variante

Auf diese Weise kann auch die *stille Skulptur* entstehen, an der die Kinder gemeinsam modellieren (z. B. Knete, Ton), natürlich auch schweigend.

Alter	ab 5 bis 12 Jahre
Zeit	30 – 60 Minuten
Sozialform	Gruppenspiel
Material	Klangsignal, große Zeichenblätter oder Tapetenrollen, Farbstifte

5.7 Das Kugellager der Gefühle

Dieses Spiel macht's möglich, dass alle Kinder gleichzeitig miteinander über ihre Gefühle reden und Hilfsangebote entwickeln! Für den reibungslosen Ablauf sorgt das Kugellager: Die Kinder werden in zwei Gruppen (z. B. A + B) eingeteilt. In der Raummitte stellt zunächst die A-Gruppe einen kleinen Kreis mit Stühlen auf, so dass die Sitzflächen nach außen zeigen. Die Kinder – die sich jetzt auf die Stühle setzen – schauen sich also nicht an, sondern blicken in den Raum. Nun suchen sich die Kinder der B-Gruppe einen Gesprächspartner aus und setzen sich ihm gegenüber. So entstehen also ein innerer und ein äußerer Stuhlkreis, in denen sich die gleiche Anzahl von Kindern gegenüber sitzen. Jetzt beginnen die Paare ihre Dialoge: „Wie fühlst du dich? Warum hast du dieses Gefühl? Wie kann ich dir helfen?" Nach kurzer Zeit gibt der Spielleiter ein Signal (z. B. Klangschale) und erklärt: „Die Kinder der A-Gruppe wechseln jetzt nach rechts, lasst dabei eure Stühle stehen." Nun beginnt ein weiterer Dialog, diesmal mit einem neuen Gesprächspartner. In der nächsten Runde wechselt die B-Gruppe und so kommt langsam ein *menschliches Kugellager* in Gang.

Tipp

Der Spielleiter sollte darauf achten, dass sich die gegenüber sitzenden Paare mit den Knien berühren. Dann sitzen die Kinder nah genug beieinander, um sich akustisch gut zu verstehen. Je größer der Abstand umso lauter wird das Kugellager. Der Spielleiter entscheidet je nach Gesprächsfreudigkeit der Dialogpartner, wann er den Wechsel im Kugellager einläutet. Spätestens wenn sich ein Paar stumm gegenüber sitzt, ist es höchste Zeit für den Platzwechsel.

Variante

Das Kugellager ist eine sehr variable Methode. Der Spielleiter kann die Dauer der Dialoge bestimmen, die Richtung, in der die Gesprächspartner wechseln und die Themenvorgabe. Das Kugellager ist auch als Vorstellungs- oder Abschiedsrunde auf Elternabenden oder Teamsitzungen einsetzbar. Die Themenvielfalt ist grenzenlos z. B.: Was ich am Wochenende gemacht habe! Ich erzähl dir ein Märchen! Kennst du schon den Witz? Was ich diese Woche gelernt habe! Was ich nicht verstanden habe und was du mir vielleicht erklären kannst!

Alter	ab 5 bis 99 Jahre
Zeit	30 – 50 Minuten
Sozialform	Gruppenspiel
Material	Stühle, Klangschale

5.8 Der Zaubertrunk

Er ist eine wunderbare Erfindung, der Zaubertrunk, der jeden Wunsch erfüllt!
Zunächst komponieren die Kinder in der Hexenküche einen Zaubertrunk, einen Mix aus verschiedenen Getränken. Nach der Zubereitung einigt sich die Gruppe auf einen gemeinsamen Wunsch z. B.: Heute soll es keinen Streit zwischen uns geben! Der Spielleiter bittet die Kinder: „Nun nehmt alle einen winzigen Schluck von dem Zaubertrunk in euren Mund, schluckt ihn noch nicht herunter, schließt eure Augen. Der Zaubertrunk ist zwar stark, aber er braucht auch unsere Hilfe. Denkt also darüber nach, was ihr heute selbst tun könntet, damit sich unser Wunsch erfüllt. Jetzt schluckt den Zaubertrunk langsam herunter!"

Tipp

Dieses kleine Ritual hat große Wirkung: Jeder Einzelne ist bemüht, den Gruppenwunsch zu erfüllen und verhält sich solidarisch. Daher sind nur Wünsche erlaubt, die kostenlos durch mitmenschliches Verhalten erfüllbar sind. Zur Herstellung des Zaubertrunks sind der Fantasie keine Grenzen gesetzt z. B. 1 Glas Orangensaft, 1 Schuss Kakao, 1 Prise Pfeffer, 1 Brausetüte und dies 44 Mal schütteln. All dies sieht nicht nur zauberhaft aus, es schmeckt auch so!

Alter	ab 3 bis 6 Jahre
Zeit	ca. 20 Minuten inkl. Zaubertrunkherstellung
Sozialform	Gruppenspiel
Material	Zutaten für den Zaubertrunk (Säfte, Gewürze, Obst, Brausepulver usw.)

5.9 Der Kummerkasten

Wo Kinder zusammen spielen und lernen, da muss ein Kummerkasten her! „In ihm ist viel Platz für eure Sorgen. Schreibt auf Zettel, was euch in der Gruppe / Klasse Kummer bereitet. Bitte entscheidet selbst, ob euer Schreiben anonym bleibt oder ob ihr es unterschreibt!"

Tipp

Legen Sie gemeinsam mit den Kindern Regeln fest z. B.: Einmal in der Woche wird der Kummerkasten geleert. Diese Aufgabe übernimmt ein gewähltes Kind. Die Kummerzettel werden am Anfang der Woche (des Monats) vorgelesen und besprochen.

Alter	ab 8 bis 12 Jahre
Zeit	ca. 10 – 20 Minuten für die Besprechung
Sozialform	Gruppenspiel
Material	Kummerkasten (am besten selbst gebastelt)

5.10 Das Kinderparlament*

... nimmt Kinder als Gesprächspartner und Entscheidungsträger ernst! Hier lernen Kinder ihre Gedanken und Gefühle auszudrücken und erleben, wie andere Personen denken, handeln und empfinden. Und so funktioniert's:

- Die Kinder bestimmen einen geeigneten Ort für die Versammlung.
- Gemeinsam werden die Parlaments-Regeln entwickelt:
  - Ideen, Wünsche deutlich und für alle verständlich ausdrücken
  - Andere aussprechen lassen und ihre Meinungen tolerieren
  - Geduldig zuhören und warten bis man selbst an der Reihe ist
  - Ruhig diskutieren und die Entscheidungen der Mehrheit akzeptieren
- Jedes Kind, jeder Erzieher / Lehrer erhält eine Redekarte mit einem persönlichen Symbol. An der Wand hängt eine Magnettafel, an der die Redekarten angeheftet werden können.
- Die Kinder bestimmen einen redegewandten Parlamentsvorsitzenden. Der Vorsitz findet im Wechsel statt.
- Wenn ein Klangsignal und der Satz ertönt: „Das Kinderparlament ist eröffnet!", kann's losgehen.
- Die Kinder versammeln sich am Parlamentsort, holen ihre Redekarte beim Parlamentsvorsitzenden ab.
- Wer reden möchte, hebt die Hand. Wer vom Vorsitzenden aufgerufen wird, heftet seine Redekarte an die Magnettafel. Dann hat kein anderer Rederecht. Ist der Redebeitrag beendet, hängt das Kind seine Karte ab und das nächste Kind setzt das Rederitual fort. Dabei kontrollieren die Kinder selbst, ob die Regeln eingehalten werden.
- Entscheidungen fallen durch Abstimmung, wobei die Mehrheit entscheidet.
- Die Sitzung endet mit dem Ausspruch: „Das Kinderparlament ist geschlossen!"

Tipp

Das Kinderparlament sollte im festgelegten Rhythmus tagen z. B. einmal in der Woche oder zweimal im Monat, am besten morgens. Die Zeitspanne ist variabel; bei brisanten Themen kann die Sitzung 1 Stunde dauern, bei Schul- und Hortkindern auch länger. Es ist ratsam, dass der Erzieher / Lehrer die Beschlüsse des Kinderparlaments protokolliert. Bei eventuellem Streit dienen diese Protokolle als Gedankenstütze.

Variante

Auch im Klassenrat oder Familienrat können Kinder ihr Selbstwertgefühl stärken, Empathie entwickeln, Eigen- und Mitverantwortung sowie Kommunikations- und Konfliktfähigkeit schulen.

Alter	ab 4 bis 12 Jahre
Zeit	20 – 60 Minuten
Sozialform	Gruppenspiel
Material	Magnettafel, Redekarten mit persönlichen Symbolen

* Viele Erfahrungen zum Kinderparlament sammelte die Kindertagesstätte St. Antonius in Kaarst.

Kapitel 6

Lachen tut gut!

Zwischen Lachen und Spielen
werden die Seelen gesund.
Sprichwort aus Arabien

Viele Lachforscher bzw. Gelotologen halten das Lachen für die älteste Form der Kommunikation – für eine Art nonverbales Esperanto, eine universell verständliche Sprache, die alle Menschen verbindet. Unsere Vorfahren lachten wahrscheinlich schon lange bevor sie zu sprechen begannen. Denn die Sprachzentren liegen in der entwicklungsgeschichtlich jüngeren Hirnrinde, während das Lachen einem älteren Gehirnteil zugeordnet wird.
Lachen ist angeboren. Am meisten tun dies Babys und Kleinkinder nämlich ca. 40 mal am Tag, während der Erwachsene nur 15 mal am Tag lacht.

Wissenswertes aus der Gelotologie (griech. gelos = das Lachen)
Seit den 70er Jahren beschäftigen sich Wissenschaftler mit den körperlichen und seelischen Auswirkungen des Lachens auf den *homo ridens*, den lachenden Menschen. Auslöser hierfür war der Journalist Norman Cousins, der in den 60er Jahren des vergangenen Jahrhunderts an der Wirbelsäule erkrankte. Als nichts gegen die starken Schmerzen half, verordnete er sich selbst neben der medizinischen Behandlung eine Lachkur. Er sah sich komische Filme an und las witzige Bücher. Nach zehn Monaten soll er keine Schmerzen mehr gehabt haben. Diese Behauptung untersuchte der Stanford-Professor William F. Fry[142], der heute als Vater der Gelotologie gilt. 1964 gründete er sein Institut zur Humorforschung und wurde damals von vielen Kollegen belächelt. Inzwischen ist die *Science of Pleasure* eine weltweit anerkannte Disziplin. Fry unternahm diverse Selbstversuche[143] und stellte fest, dass die Aktivität der natürlichen Killerzellen während der Lachphase ansteigt. Seine Untersuchungen des Immunsystems erregten weltweit Aufsehen.

Im Alter zwischen vier und acht Wochen huscht das erste absichtliche Lächeln über das Säuglingsgesicht und dies – wie Forscher nachweisen konnten (→ Kap. 5) – in allen Kulturen. Schon wenige Wochen nach der Geburt benutzt das Baby instinktiv sein Lächeln als Medium zum emotionalen Austausch mit der Mutter. Damit signalisiert es *Ich bin offen für Kontakt!* Etwa ab dem vierten Lebensmonat setzt das Lachen ein. Es entsteht zunächst über Körperkontakt z. B. wenn die Mutter das Baby liebevoll knuddelt und dabei lustige Geräusche macht. Erst mit einem Jahr lacht es über komische Ereignisse z. B. wenn ihm jemand aus Spaß die Zunge herausstreckt. Wenn Kinder beim Lachen, Kitzeln oder Kichern immer

wieder „*Noch mal!*" rufen, dann sehnen sie sich nach dem wohlwollenden Klima der Geborgen- und Zusammengehörigkeit.
Für Kindergartenkinder ist es wichtig zu erfahren, dass sie ein oder mehrere Kinder zum Lachen bringen, denn das zeigt ihnen: *Der Andere hat Interesse an mir und an dem was ich sage und tue. Mein Ansehen in der Gruppe steigt, und ich bin beliebt.*
Auch Kinder, die taub oder blind zur Welt kommen, fangen mit etwa einem Vierteljahr an zu lachen. Zwar unterscheidet sich das Klangmuster bei gehörlosen etwas von dem gesunder Säuglinge, aber ihre humoristische Entwicklung verläuft gleich. So lachen alle Kinder spontan, wenn etwas nicht den Regeln und gültigen Normen entspricht, z. B. wenn sich jemand statt auf den Stuhl daneben setzt. Man spricht hier von Normverletzungen als Elemente der Komik. Kinder im Vorschul- und Grundschulalter entdecken rasch die Wortkomik. Sie haben Spaß am verbalen Unsinn, an Wortspielen und Zungenbrechern.
Die Ironie ist eine besondere Form von Humor. Kindergartenkinder können sie noch nicht verstehen, denn hier stimmt das Gesagte nicht mit dem Gemeinten überein.

Auch wenn die Hirnforscher noch auf der Suche nach dem *Humorzentrum*[144] sind, so ist eines gewiss: Um Humor verstehen und genießen zu können, bedarf es einiger Fähigkeiten. Als solche nennt die Verhaltensbiologin Dr. Haug-Schnabel[145] von der Universität Freiburg:

- Die geistige, soziale Entwicklung muss soweit fortgeschritten sein, dass das Humorvolle und Witzige als Abweichung von der Norm erkannt wird.
- Man sollte wissen, dass nicht alles Gesagte ernst gemeint ist und dass mitunter Worte nur zum Spaß ausgetauscht werden. Man muss heraushören, was eigentlich mit dem Gesagten, z. B. der Pointe, gemeint war.
- Innere Souveränitität ist wichtig, man sollte über der Sache stehen und sich nicht persönlich betroffen fühlen.
- Um schließlich lachen zu können, muss man die realitätsverzerrte Perspektive des Witzes oder des humorvollen Geschehens genießen können. Dann wird Humor zum Kitzeln des Geistes.

Unsere Lebenskraft drückt sich im Weinen und Lachen aus. Schon in der über 2200 Jahre alten spätjüdischen Weisheitsschrift *Sirach* steht geschrieben: *„Ein fröhliches Herz ist des Menschen Leben und seine Freude verlängert sein Leben."* Auch unser Volksmund lehrt

„Lachen ist die beste Medizin!" Dies belegen viele wissenschaftliche Studien z. B. die des kanadischen Psychologen und Lachforschers Rod Martin[146].

Lachen:

- Beschleunigt den Herzschlag und regt den Blutdruck an
- Vermehrt die Immunglobulin-Antikörper und sorgt für eine bessere Immunabwehr
- Setzt die Schmerzempfindlichkeit herab und erhöht die Wachsamkeit des Gehirns
- Verstärkt die Bewegungen des Zwerchfells, was wiederum die inneren Organe massiert und die Verdauung fördert.
- Steigert den Sauerstoffgehalt im Blut und erweitert das Lungenvolumen[147]
- Trainiert 240 von insgesamt 630 Körpermuskeln
- Reduziert die Produktion der Stresshormone Adrenalin und Cortisol
- Erhöht die Ausschüttung von Glückshormonen und sorgt somit für Wohlbefinden
- Baut seelische Blockaden ab und bricht eingefahrene Denkmuster auf!

Längst ist der *Therapeutische Humor*[148] zu einem ernst zu nehmenden Begriff im Gesundheitswesen avanciert. Zu seinen Wegbereitern zählt der Nervenarzt und Psychogerontologe Rolf Hirsch[149]. Als Chefarzt setzte er den Humor gezielt in der Altersheilkunde, der Geriatrie, ein. Wie heilsam Lachen sein kann, wusste auch Michael Christensen, der Gründer der Klinik-Clown Bewegung (Big Apple Circus, New York). Seit Mitte der 80er Jahre wirken 60 Clowns in den Kinderstationen der New Yorker und Bostoner Kliniken. In Amerika heitern ehrenamtliche Humorberater die Patienten auf. Sie ziehen mit sogenannten Gelächterwagen über die Stationen und bieten lustige Bücher sowie Spaßartikel an. 1994 gründete Laura Fernandez nach dem New Yorker Vorbild den Verein *Die Clown Doktoren* (→ Kap. 9: Wertvolle Adressen). Auch die Wiener Kardiologin Suzanne Rödler entwickelte Konzepte zur Clowntherapie mit chronisch Kranken. Sie ist Initiatorin des Vereins *CliniClowns* in Österreich (→ Kap. 9: Wertvolle Adressen). Allmählich setzte sich die Idee der Clown-Doktoren auch in Deutschland durch. Auch Ernst J. Kiphard[150] eroberte die Herzen der Kinder zunächst als Zirkusclown bevor er Professor für Psychomotorik wurde.

Die Universitätsklinik in Münster, wo Clowns seit 10 Jahren arbeiten, konnte nachweisen, dass sich Kinder nach Clownbesuchen wesentlich besser fühlen. Sie scheinen instinktiv zu spüren, dass sie Lachen zum Überleben brauchen. In Deutschland kommen jährlich 1 Million Kinder ins Krankenhaus, denen ein solches *Lachen auf Rezept*[151] helfen würde.

Inzwischen blüht auch der Lachmarkt mit Seminaren von der Lachtherapie bis hin zum Lach-Yoga. Diese 1995 von dem indischen Arzt Madan Kataria[153] erfundene Methode basiert auf den Grundlagen des Yogas und den Erkenntnissen der Gelotologie. Bei dieser Lachtherapie, die gänzlich ohne Witze auskommt, treffen sich kleine Gruppen zu einem 15- bis 20-minütigen Gemeinschafts-Lachen. In etwa 1300 Lachclubs auf der ganzen Welt wird Lachyoga praktiziert. In Deutschland gibt es über 30 Gruppen, wobei der Lachclub in Wiesbaden (→ Kap. 9: Wertvolle Adressen) als Pionier in Europa gilt.
International ist man sich also einig: Humor ist eine Medizin ohne Risiken und Nebenwirkungen! Dies wusste schon die schmerzgeplagte Malerin Frida Kahlo (1907 – 1954) als sie vor 60 Jahren in ihr Tagebuch schrieb: *„Nichts ist fürs Leben wichtiger als das Lachen. Lachen bedeutet Stärke, Selbstvergessenheit und Leichtigkeit."*

Ein Lächeln oder Lachen schlägt die Brücke vom Ich zum Du. Diese soziale Funktion beschrieb bereits um 1900 der französische Philosoph Henri Bergson (1859 – 1941)[153] : „Das Lachen bedarf offenbar des Echos. Unser Lachen ist stets das Lachen einer Gruppe. Das freieste Lachen setzt immer ein Gefühl der Gemeinsamkeit, fast möchte ich sagen, der Hehlerschaft mit anderen Lachern voraus." Für Bergson war das Lachen ein sozialer Gradmesser; sehr poetisch verglich er es mit dem Schaum auf den Meereswellen: „Das Lachen entsteht ganz so wie dieser Schaum. Es meldet alle leichten Revolten auf der Oberfläche des sozialen Lebens. Es zeichnet im Nu die beweglichen Figuren dieser Erschütterung nach." So kann im Umgang mit Fremden ein Lächeln *entwarnen* und Aggressionen mindern. Lachen ist auch im biologischen Sinne entwaffnend: Es durchbricht die in bedrohlichen Situationen ausgelöste Fluchtreaktion, lässt den Adrenalinspiegel sinken und sorgt dafür, dass die Anspannung abfällt. Der amerikanische Komiker Bill Cosby brachte dies auf den Punkt: *„If you can laugh at it, you can survive it."*
Lachen ist willentlich nicht steuerbar, es geschieht einfach reflexhaft. Einmal ausgelöst, macht es sich selbstständig. Der Psychoanalytiker Sigmund Freud[154] sah darin aber auch den Eigennutz: „Das Lachen gehört zu den im hohen Grade ansteckenden Äußerungen psychischer Zustände; wenn ich den anderen durch die Mitteilung meines Witzes zum Lachen bringe, bediene ich mich seiner eigentlich, um mein eigenes Lachen zu erwecken."
Lachen kann z. B. bei Verletzungen oder Ungerechtigkeiten befreiend wirken oder den Sieg signalisieren z. B. über die eigene Angst vor dem Vorgesetzten. Lachen erlaubt uns, Abstand zu bekommen auch von ernsten oder traurigen Ereignissen. Lachen ist das Sprungbrett in

eine andere Sichtweise. Vielleicht stand daher für Johann Wolfgang von Goethe fest: *„Ich liebe mir den heiteren Mann am meisten unter meinen Gästen."*

Heute würden wir ihm raten, mehr Frauen einzuladen, denn eine Umfrage[155] hat ergeben, dass Frauen besser über sich selbst und ihre eigenen Missgeschicke lachen können als Männer. Und sie tun gut daran, denn eine Würzburger Forschergruppe fand heraus, dass wir mit Gestik und Mimik unsere Stimmung steuern können. Dieser Einfluss von Körpersignalen auf unser Denken nennt die Forschung *Bodyfeedback*. Sie fand heraus, dass die Signale über zwei Gesichtsmuskeln weitergeleitet werden:

- Der Kurrogatormuskel spannt sich beim Stirnrunzeln und Zusammenziehen der Augenbrauen. Er signalisiert dem Gehirn, dass ein anstrengender Zustand vorherrscht.
- Der Zygomaticusmuskel spannt sich beim Lächeln und Lachen an. Er signalisiert dem Gehirn, dass ein angenehmer Zustand vorherrscht.

„Ein positv- offener Ausdruck gibt unserem Gehirn zu verstehen, dass wir uns gerade in einer entspannten, lockeren und damit sicheren Atmosphäre befinden und stimmt es auf die Verarbeitung positiver Inhalte ein."[156] Auf die Haltung kommt es also an: Lächeln Sie öfter mal Ihrem Spiegelbild zu, dann stellen sich eher positive Gedanken ein als mit heruntergezogenen Mundwinkeln.

Humor und Lachen finden seit zehn Jahren zunehmende Beachtung in der Medizin und Krankenpflege. Mit Bedauern stellen die beiden Autorinnen Marianne Frostig[157] und Verena Kast[158] fest, dass die Freude als das positivste menschliche Gefühl in der Psychologie und Pädagogik zu kurz kommt. Dabei ist das Erwecken und Entwickeln der kindlichen Lebensfreude eine der wichtigsten pädagogischen und therapeutischen Ziele. Für Frostig ist Freude das beste Mittel gegen emotionale Störungen. Freudige, humorvolle Kinder und Jugendliche können besser mit ihren Problemen umgehen als andere. Für die Züricher Professorin Verena Kast wächst mit der Freude auch Hoffnung: Der humorvolle Mensch blickt hoffnungsvoll in die Zukunft. Er ist sozial attraktiver und gewinnt leichter die Herzen seiner Mitmenschen.

Bei all diesen positiven Meldungen über das Lachen ist es verwunderlich, dass Humor und Schule in einem so konfliktreichen Verhältnis stehen. Während im Kindergarten noch herz-

haft gelacht werden darf, so beginnt mit der Schule der *Ernst des Lebens*[159]! Hier herrscht die Faustregel *Wer lernt, lacht nicht!* Kein Wunder, dass der Humor in schulpädagogischen Konzepten und Büchern weitgehend ausgeklammert ist. Nur wenige Autoren[160] haben darüber nachgedacht, wie Schule und Lachen zusammenarbeiten könnten. Dabei sollte gerade dort Humor entwickelt und kultiviert werden, wo es wenig zu lachen gibt: im pädagogischen Alltag! Fragt man Schüler nach den wichtigsten Eigenschaften eines idealen Lehrers, so wird Humor meist an erster Stelle genannt. Zahlreiche Untersuchungen geben den Schülern Recht: Humor schafft ein angenehmes, angstfreies soziales Lernklima und fördert den Lern- und Speicherprozess. So wurde Lehrern aus Hannover ein neues Klassenziel verordnet: Sie sollen im Unterricht mehr lachen! Damit dies auch gelingt, will die zuständige Behörde sie im Bereich der Lachwissenschaft fortbilden. Dies ist kein Witz!
Vielleicht neigen gerade wir Deutsche dazu, Tiefsinn mit Trübsinn zu verwechseln. Aber schon der Philosoph Arthur Schopenhauer (1788 – 1860) erkannte, dass Humor und Ernst zusammengehören: „*Je mehr ein Mensch des ganzen Ernstes fähig ist, desto herzlicher kann er lachen.*" Der römische Dichter Horaz (65 – 8 v.Chr.) meinte gar: „*Ein Scherz, ein lachend Wort entscheidet oft die größten Sachen treffender und besser als Ernst und Schärfe.*" Für den Schriftsteller Erich Kästner (1899 – 1974) war der „*Humor der Regenschirm der Weisen*".

Was Pädagogen beherzigen sollten

- Erwachsene, vor allem Pädagogen neigen dazu, das Leben nur durch eine ernste Brille zu betrachten. Auf diese Weise machen wir vieles komplizierter als es schon ist.
- Die Forschungsergebnisse der Gelotologie und des *Biofeedbacks* sollten allen finster dreinblickenden Eltern, humorlosen Erziehern und Lehrern zu denken geben. Denn sie schaden damit nicht nur den anderen sondern auch und vor allem sich selbst!
- Gehen Sie mit humorvollem Beispiel voran: Sie lassen sich gerne mal kitzeln, mit Ihnen kann man sich biegen vor Lachen, Sie schätzen komische Situationen und wissen mit Ironie umzugehen.
- Vermeiden Sie bei Kindern jegliche Form von Ironie oder Sarkasmus, denn sie können damit nicht umgehen. Ein Kind, das seinen Kakao verschüttet hat, reagiert verwirrt auf die ironische Äußerung: „*Das hast du aber toll hingekriegt!*"
- Kinder, die viel zu lachen haben, können ihre Aggressionen besser abbauen. Davon profitiert die ganze Gruppe und Klasse!
- Denken Sie daran: Ein Lächeln ist der kürzeste Weg zwischen zwei Menschen.
- Jeder Tag, an dem du nicht lächelst, ist ein verlorener Tag! (Charlie Chaplin)

Spiele, Spiele, Spiele

6.1 Spieglein, Spieglein an der Wand

... wer hat das schönste Lächeln im Land? So könnte jeden Morgen eine kleine aber sehr effektive Übung vor dem Spiegel beginnen. Ein Experiment, das jeder selbst machen kann, auch ohne Spiegel: Lächeln, einfach nur lächeln!

Tipp

Sicher, nach dieser kleinen Übung ist der Ärger mit den Kindern, den Kollegen nicht verflogen, auch nicht der Stress auf der Arbeit oder mit dem Partner. Aber eines steht fest: Ihre Miene hellt sich auf, Ihre Stimmung steigt und der Abstand zu den Sorgen wird größer. Zumindest für einen Augenblick, einen wertvollen Augenblick! Denn denken Sie daran: Die Zeit deckt sich mit Augenblicken zu. Ist es da nicht besser, öfter zu lächeln als griesgrämig dreinzuschauen?

Alter	ab 1 bis 99 Jahre
Zeit	ca. 1 Minute
Sozialform	Einzelspiel

6.2 Tante Lehnchen tickt nicht richtig!

Die Spieler sitzen im Stuhlkreis. Der Spielleiter singt zu einer eingängigen Melodie: „Liebe Kinder, habt ihr schon gehört: Tante Lehnchen geht's schlecht!" Die Kinder antworten singend: „Ach ja, was hat sie denn?" Der Spielleiter antwortet singend: „Tante Lehnchen hat einen schlimmen Tickdaumen" und zeigt dabei den erhobenen Daumen, der hin und her tickt, also wild in der Luft zappelt. Daraufhin antworten alle: „Tante Lehnchen hat einen schlimmen Tickdaumen" und zappeln ebenfalls mit ihren Daumen. Dann stoppen die Kinder ihre Daumenbewegungen und der Spielleiter singt erneut den Refrain: „Liebe Kinder, habt ihr schon gehört: Tante Lehnchen geht's schlecht!" In bewährter Weise fragen die Kinder: „Ach ja, was hat sie denn?" Der Spielleiter antwortet diesmal: „Tante Lehnchen hat einen schlimmen Tickdaumen und einen rechten Tickfuß". Dabei fuchtelt er mit dem Daumen in der Luft und stampft mit dem rechten Fuß auf den Boden. Dies wiederholen die Kinder singend und zeigen dabei dieselben Bewegungsabläufe. So kann das Spiel beliebig fortgesetzt werden, wobei ein Tick den anderen jagt z. B. linker Tickfuß (linker Fuß stampft aus der Erde) oder Tickpo (mit dem Po auf dem Stuhl wackeln) oder ein Tickkopf (Kopf bewegt sich wild). Am Ende zappelt mit großem Gelächter eine Gruppe voller Ticks. Wenn die Kinder ausgiebig mit vielen Körperteilen gezappelt haben, ruft der Spielleiter: „Tante Lehnchen hat Schüttelfrost". Jetzt schütteln die Kinder nach Leibeskräften alle ihre Körperteile.

Alter	ab 3 Jahre bis Ende der Grundschulzeit
Zeit	5 – 10 Minuten
Sozialform	Gruppenspiel

6.3 Der Lachbaron

... hat großen Spaß daran, mit Worten und Sätzen zu spielen. Er verdreht sie so lange, bis nichts mehr stimmt und alle lachen müssen. So erzählt der Lachbaron am laufenden Band seine Lachgeschichten. Bitte hört genau hin und versucht seine Witze zu entlarven:
„Als im Topf das Wasser knisterte und auf dem Herd das Feuer sprudelte, sang die Hausfrau ein Gedicht.
Als die Giraffe gähnen musste, öffnete sie weit ihren gewaltigen Schnabel.
Als der Papagei und seine Frau Mamagei den Witz hörten, rissen sie vor Lachen ihre Mäuler auf und ließen ihre Zähne blinken.
Unten am Bach stelzten ein paar Eulen, sie balzten und röhrten so laut, dass es sich wie Froschgequake anhörte. Da kam eine Herde Fische angerannt. Sie wetzten ihre Schnäbel und begannen laut zu wiehern. Da schüttelte das Krokodil seine Mähne, gackerte und schwamm im Galopp davon, dass das Wasser nur so flackerte."

Tipp

Alle Kinder fühlen sich überlegen, wenn sie lustige Wortspiele und sinnverdrehte Sätze entdecken und korrigieren dürfen. Nur zu gerne hören oder lesen sie Lachgeschichten. Bitten Sie die Kinder, die witzigen Stellen darin zu benennen, aufzuschreiben oder gar neue zu erfinden.

Alter	ab 6 Jahre bis Ende der Grundschulzeit
Zeit	5 – 10 Minuten
Sozialform	Einzel- oder Gruppenspiel

6.4 Der Farbenkönig

Die Kinder sitzen im Stuhlkreis, der Spielleiter steht in der Mitte und teilt jedem Kind eine Grundfarbe zu: „Du bist rot, du bist blau, du bist grün, du bist gelb ..." Die Zuteilung der Farben erfolgt im Wechsel; die Kinder behalten während des gesamten Spielverlaufs ihre Farbe. Der Spielleiter mischt die zuvor angefertigten Farb- und Aktionskarten (siehe Material) und hält den Stoß in der Hand. Nun kann's losgehen! Fortlaufend und schnell liest der Spielleiter die Farb- bzw. die Aktionskarten vor. Die Kinder mit der aufgerufenen Farbe rutschen im Uhrzeigersinn jeweils einen Platz weiter. Ist dieser besetzt, nimmt das Kind auf dem Schoß des Nachbarn Platz. Nur das jeweils oberste Kind rückt einen Platz weiter. Sitzen dort bereits drei Kinder aufeinander, dann kann diesmal nicht nachgerutscht werden. Große Freude lösen die jeweiligen Aktionskarten aus, dann müssen alle Kinder z. B. wie ein Löwe brüllen oder mit dem Po wackeln, ganz gleich wo sie sitzen. Wer als erster wieder auf seinem Platz sitzt, hat gewonnen und ist der *Farbenkönig*.

Tipp

Es sollten mindestens 15 Kinder mitspielen, damit im Reich des Farbenkönigs so richtig Stimmung aufkommt!

Alter	ab 4 Jahre bis Ende der Grundschulzeit
Zeit	ca. 10 Minuten
Sozialform	Gruppenspiel
Material	Folgende Karten (in Spielkartengröße) sind herzustellen: 16 Farbkarten (je 4x grün, blau, rot, gelb) 6 Aktionskarten mit schriftlichen Anweisungen für bestimmte Bewegungen, Geräusche oder Grimassen z. B.: Hebe den rechten Arm und das linke Bein ! Wackel mit dem Po! Brülle wie ein Löwe! usw.

6.5 Armer schwarzer Kater!

Wer kennt ihn nicht, den armen Kater, der traurig durch die Lande zieht. Die Kinder sitzen im Stuhlkreis, ein Kind hockt in der Mitte. Es spielt den *armen schwarzen Kater*, der sich nun ein Kind aussucht, um getröstet zu werden. Er kniet vor ihm nieder, beginnt ganz jämmerlich zu miauen, verdreht dabei den Kopf und schneidet allerlei Grimassen. Während er sein Leid in allen Tonlagen klagt, schaut er dem auserwählten Kind tief in die Augen. Dieses versucht nun den Kater zu trösten. Ohne eine Miene verziehen oder gar lachen zu dürfen, streichelt es den Kopf des Katers und sagt „*Armer schwarzer Kater!*" Wer lacht, muss die Rolle des Katers übernehmen.

Tipp
Dieses Spiel macht nicht nur Spaß, es hilft auch Spannungen in der Gruppe abzubauen.

Alter	ab 2 bis 6 Jahre
Zeit	5 – 10 Minuten
Sozialform	Gruppenspiel

6.6 Krabbenfußball

Unglaublich aber wahr! Auch Krabben spielen gerne Fußball und das sieht dann so aus: Zwei Mannschaften versuchen sich in Krabbenstellung (Arme und Beine seitlich auf der Erde ausgestreckt) vorwärts zu bewegen und den Ball mit den Füßen ins gegnerische Tor zu schießen. Das Lachen ist garantiert.

Variante

Starke Krabben können auch einen Gymnastikball benutzen. Das stählt die Muskeln!

Alter	ab 6 bis 12 Jahre
Zeit	20 – 30 Minuten
Sozialform	Gruppenspiel
Material	1 Fußball oder 1 Gymnastikball

6.7 Der Meister der Grimasse

Wer lacht scheidet aus, und wer möchte das schon? Schließlich will doch jeder *Meister der Grimasse* werden. Alle Kinder stehen in einer Reihe hintereinander, mit dem Gesicht zum Rücken des jeweiligen Vordermanns. Nun dreht sich das erste Kind um, macht eine lustige Grimasse, bleibt so stehen und entspannt wieder sein Gesicht. Beim Anschauen darf das zweite Kind nicht lachen, sonst muss es ausscheiden. Nun dreht sich das zweite Kind zum dritten um, wiederholt die zuvor gesehene Grimasse und entspannt sein Gesicht. So wandert eine Grimasse reihum bis zum letzten Kind. Dieses schickt eine neue Grimasse durch die Reihe zurück bis zum ersten Kind. So geht die *Grimassenpost* munter weiter! Jeder, der lacht, scheidet aus, bis zum Schluss der *Meister der Grimasse* siegt. Zur Belohnung darf er allen Kindern seine hässlichste oder komischste Grimasse vorführen.

Variante

Die Grimassen können auch mit Geräuschen untermalt werden.

Alter	ab 3 bis 9 Jahre
Zeit	5 – 10 Minuten
Sozialform	Gruppenspiel

6.8 Onkel Beppi ist krank!

Im kleinen Stuhlkreis sitzen 6 bis 8 Kinder. In jeder Gruppe erzählt ein Kind seinem Nachbarn: „Onkel Beppi ist krank!" Der Nachbar erkundigt sich besorgt: „Was hat er denn?" Anstelle einer Antwort erlebt er nun eine lustige Bewegung z. B. Klatschen auf den Hinterkopf, Grimasse ziehen, Schulterzucken. Nun wird der gleiche Dialog kreisum fortgesetzt. Dabei darf sich jedes Kind eine neue *Bewegungskrankheit* ausdenken, wobei es alle zuvor gezeigten Bewegungen in der richtigen Reihenfolge wiederholen muss. Wessen Gedächtnis reicht trotz großen Gelächters am weitesten?

Variante

Bei der Variante *Onkel Willi ist krank!* bleibt garantiert kein Auge trocken! Denn diesmal stecken sich alle Kinder vor Spielbeginn ein Stück Salzstange oder Gurke oder Möhre oder eine schmale Nudel hochkant zwischen die Zähne. Alle Münder sind also während des Spiels weit geöffnet, das verzerrt auf lustige Art die Sprache und die Gesichter nicht minder!

Alter	ab 5 bis 99 Jahre
Zeit	5 – 10 Minuten
Sozialform	Gruppenspiel
Material	Für die Variante *Onkel Willi ist krank:* Salzstangen, Gurken, Möhre oder schmale Nudeln.

6.9 Von Qualkappen und Metterschlingen

Kinder haben großen Spaß an verbalem Unsinn. Gerne lachen sie über verdrehte Worte wie beispielsweise:

Brezel braten statt Rätsel raten
Flimmerziege statt Zimmerfliege
Qualkappe statt Kaulquappe
Mottenschuster statt Schottenmuster
Metterschling statt Schmetterling
Fischmutter statt Mischfutter
Leisereiter statt Reiseleiter
Mulschappe statt Schulmappe
Kleistermasse statt Meisterklasse
Tonnensau statt Sonnentau
Leichenzehrer statt Zeichenlehrer
Hundedreck statt Händedruck

Sicher finden die Kinder mit Ihrer Hilfe noch weitere *Drehworte*.

Variante
Hier noch ein paar Beispiele zum Selberknobbeln, aber wohl eher für Erwachsene: Schattenriss, Schulmeister, Reisschüssel oder Pistenasse.
Für großes Gelächter sorgt bei den Kindern auch das Märchen-Karussell z. B.:
Rumpelpilzchen: Ach wie gut, dass niemand weiß, dass ich Stumpelrilzchen heiß!
Frau Holle und Brothäppchen oder war es Rotkäppchen mit den sieben Wölfen?
Der Wolf und die sieben Raben oder waren es sieben Schwaben?
Ali Baba und die vierzig Geißlein, Schneeweißchen und Rosenkohl usw.

Alter	ab 8 bis 12 Jahre
Zeit	2 – 5 Minuten
Sozialform	Einzel- oder Gruppenspiel

6.10 Eine Liebesgeschichte aus dem Fühletal

Diese Geschichte sorgt in jeder Kindergruppe für großes Gelächter, vor allem wegen ihrer wiederholten Lautmalereien und Geräusche:

„In einem fernen Land hinter hohen Bergen *(Körper, Arme strecken)* lag ein wunderschönes Tal. Es hieß das Fühletal. Dort stand ein prächtiges Schloss.
Hier lebte König *(gähnen)*. König *(gähnen)* hatte drei Töchter *(drei Finger zeigen)*:

- Prinzessin *(pühhh: zickige Mimik und Gestik)*
- Prinzessin *(seufzen: schlaffe Mimik und Gestik)*
- und die jüngste Prinzessin *(lauter Kuss auf den Handrücken: strahlende Mimik)*

Jenseits *(Arme strecken)* des Fühletals stand eine prächtige Burg. Darin wohnte Prinz *(ohhhhh: mit der Hand über das Haar streichen und mit den Augen klimpern)*. Prinz *(ohhhhh)* suchte eine Prinzessin, die er zur Frau nehmen wollte.
So ritt er *(Galoppbewegungen und -geräusche)* über die hohen Berge ins Fühletal zum König *(gähnen)*. Vor dem Schloss von König *(gähnen)* stieg er von seinem Pferd *(Bewegung nachahmen)* und klopfte an das große Schlosstor *(Klopfgeräusch machen)*.
Ein Diener öffnete und führte ihn zu König *(gähnen)*, zur Prinzessin *(pühhh)*, zur Prinzessin *(seufzen)* und Prinzessin *(lauter Handkuss)*. Als sich Prinz *(ohhhhh)* und Prinzessin *(lauter Handkuss)* ansahen, verliebten sie sich sofort ineinander.
Prinz *(ohhhhh)* sprach: „König *(gähnen)* ich möchte so gerne Prinzessin *(lauter Handkuss)* heiraten".
König *(gähnen)* antwortete: „Prinz *(ohhhhh)*, du kannst Prinzessin *(pühhh)* oder Prinzessin *(seufzen)* heiraten aber nicht meine jüngste Tochter Prinzessin *(lauter Handkuss)*!"
Traurig stieg Prinz *(ohhhhh)* auf sein Pferd und ritt *(langsame Reitbewegungen und -geräusche)* zu seiner Burg. Aber Prinz *(ohhhhh)* konnte Prinzessin *(lauter Handkuss)* nicht vergessen. So stieg er eines Nachts auf sein Pferd und ritt durch die Dunkelheit zum Schloss von König *(gähnen)*.
Leise öffnete er das große Schlosstor *(quietschendes Geräusch)* und schlich hinauf zu den Gemächern der Prinzessinnen. Er öffnete die erste Tür *(Bewegung nachahmen)*, dort schlief Prinzessin *(seufzen)*. Dann schlich er weiter zur zweiten Tür. Hier schlief Prinzessin *(pühhh)*. Zu guter Letzt öffnete er die dritte Tür *(Bewegung nachahmen)* zu Prinzessin *(Handkuss)*.

Zärtlich streichelte Prinz *(ohhhhh)* Prinzessin *(lauter Handkuss)* über die Wange und küsste sie sanft *(Bewegung und Kuss nachahmen)*.
Er sprach: „Prinzessin *(lauter Handkuss)* willst du mit mir gehen?" Prinzessin *(lauter Handkuss)* nahm Prinz *(ohhhhh)* fest in den Arm *(Oberkörper mit eigenen Armen umschlingen)* und flüsterte: „Ja!"
Leise schlichen sich die beiden Verliebten vorbei an Prinzessin *(seufzen)* und Prinzessin *(pühhh)* hinunter zum großen Schlosstor *(quietschendes Geräusch)*.
Prinzessin *(lauter Handkuss)* stieg auf das Pferd von Prinz *(ohhhhh)*. Gemeinsam ritten sie zu seiner Burg. Dort heirateten sie und lebten viele Jahre glücklich miteinander."
Hannelore Wolterink

Tipp
Seien Sie gewiss, von nun werden die Kinder Sie bitten, diese Geschichte immer und immer wieder vorzulesen. Wenn Sie alle Lautmalereien und gestischen Regieanweisungen beachten, werden sich die Kinder biegen vor Lachen.

Alter	ab 3 bis 7 Jahre
Zeit	5 Minuten
Sozialform	Einzel- oder Gruppenspiel

Kapitel 7

Nachdenkliches von Herzen

Das Problem ist heute nicht die Atomenergie, sondern das Herz des Menschen!
Albert Einstein

In einem Jahrhundert, in dem sich das Weltwissen alle 5 bis 10 Jahre verdoppelt – jährlich veröffentlichen Wissenschaftler weltweit ca. 6 Millionen Fachartikel, das sind täglich 17.000 Artikel! –, ist es höchste Zeit, dass wir uns als Pädagogen auf unsere eigentlichen Fähigkeiten als Erzieher mit Kopf, Herz und Hand besinnen. Wir sollten die Herzensbildung wieder in den Vordergrund unseres pädagogischen Bestrebens rücken. Denn die pure Wissensvermittlung vermögen jetzt die Neuen Medien wesentlich ansprechender und schneller zu realisieren als wir. Außerdem war die Rolle des Wissensvermittlers noch nie ein uns erfüllendes Berufsziel. Oder? Der Abschied davon sollte uns nicht wehklagen sondern jubilieren lassen. Wenn wir uns als *Menschenbildner* mit Kopf, Herz und Hand im alten reformpädagogischen Sinne (u. a. Fröbel, Montessori, Petersen, Freinet) verstehen und dazu die aktuellen wissenschaftlichen Erkenntnisse aus der Hirnforschung sowie die Bedingungen der Neuen Kindheit berücksichtigen, dann haben wir nichts verloren sondern viel gewonnen. Nur der Pädagoge, der sich als Wissensvermittler versteht, wird im nächsten Jahrzehnt rasch durch die Neuen Medien verdrängt und ersetzbar sein. Der Pädagoge mit Kopf, Herz und Hand wird jedoch immer wertvoller werden!

Eine Wissensgesellschaft, die glaubt, alles zu wissen, wenn nur die Informationsflüsse kräftig fließen, beweist letztendlich, wie wenig sie verstanden hat. Denn sie unterliegt dem Irrglauben, je mehr die Flüsse an Informationen transportierten um so größer würde das Meer der Erkenntnis. Der Topmanager Daniel Goeudevert[161] warnt:

„Wir sind reich an Infos, drohen in diesem Überfluss zu ertrinken und sind zugleich oder gerade deshalb arm an gelebtem Wissen, an erfahrenen Gefühlen und stabilen Werten. Immer mehr satte Menschen verdursten emotional! Wissen ohne Einbindung in eine moralische Kultur des Humanen ist barbarisch."

Als der Philosoph Max Scheler sagte „Wissen ist Teilhabe am Seienden" da meinte er lebendigen Austausch, emotionale Begegnung und Anteilnahme. Dies ist nur im realen Leben mit *echten* Menschen möglich; in der kleinen Welt des Faktenwissens per Internet sind die Erkenntnishorizonte recht begrenzt. Denn wer frei Haus beliefert wird, braucht nicht mehr auf Fahrt zu gehen und bleibt somit unerfahren.

Wir stehen zu Beginn des 21. Jahrhunderts vor entscheidenden Fragen: Wann ist der Siedepunkt der Informationsmenge erreicht? Wie lange noch können unsere Emotionen die

Spirale des Immer-noch-mehr verkraften? Wann schlägt die emotionale Kälte in Gewalt um? Werden wir rechtzeitig erkennen, dass nicht die Aneignung von Wissensmengen unsere Zukunft gewährleistet, sondern unsere Fähigkeit, Körper, Geist und Psyche ganzheitlich zu integrieren? Welche Pädagogik setzt sich gegen laute Reize durch?

Eine losgelöste Werteerziehung in Nischen – z. B. in einzeln ausgewiesenen Unterrichtsstunden – wird diese Fragen nicht beantworten können. Es geht um die Wertefrage in der Erziehung schlechthin, denn Erziehen bedeutet überall und jederzeit abwägen, entscheiden und somit bewerten. Aber wenn der Mensch ausschließlich über seine Schulnoten, seinen Erfolg, seine Karriere und sein Vermögen definiert wird, dann gibt es keinen Wert, keinen Sinn mehr außerhalb, dann regiert der Druck. Und wo Sinn fehlt und Druck regiert, da blühen Angst, Gewalt und Depression.

Jeder Einzelne, insbesondere Kinder, brauchen im unsteten Fluss der wirtschaftlichen und gesellschaftlichen Veränderungen verlässliche Geländer. Kinder lassen sich nicht erziehen <u>oder</u> bilden. Beides gehört untrennbar zusammen. Die Werteerziehung lässt sich nicht an die Anderen delegieren. Sie fängt bei jedem von uns an. Stellen Sie sich, liebe Eltern, daher früh genug die Frage „Was soll aus meinem Kind werden?" Begnügen Sie sich nicht mit rasch aufkommenden Antworten: „Erfolgreicher Arzt, Unternehmer oder Rechtsanwalt." Sie haben im Laufe ihres Lebens oft genug erfahren, dass Leistung und Erfolg zwar von unserer Ellbogengesellschaft gefordert werden aber für ein glückliches Leben nicht ausreichen. Stellen Sie sich als Erzieher und Lehrer die Frage nach dem Profil Ihrer Einrichtung, nach dem Ziel und dem Sinn Ihrer Arbeit mit Kindern: „Welches Menschenbild strebe ich in meiner Erziehung, in meinem Unterricht an?" Wenn Sie diese fundamentale Frage immer wieder zulassen, werden Sie Antworten erhalten, die Kindern substantieller und nachhaltiger helfen als kurzfristige Leistungsprofile.

Die Werte des Gemeinsinns hochzuhalten ist meines Erachtens nicht mehr nur die Aufgabe von Eltern, Erziehern und Lehrern, sondern eine notwendige Herausforderung für jeden Menschen vor allem angesichts neuer grotesker Debatten. So mahnt der Chefredakteur Peter-Matthias Gaede[162]:

„Den Wert eines Menschen in Banknoten auszurechnen, ist keine ganz neue Übung. Und ebenso alt ist die Frage nach den Maßstäben, die dabei zugrunde gelegt werden. Ist der am

11. September 2001 im Nordturm des New Yorker World Trade Center verbrannte Abteilungsleiter kostbarer gewesen als der im Südturm ums Leben gekommene Bürobote? Darüber gibt es unter den auf Entschädigung wartenden Angehörigen der Opfer, denen ein prominenter Anwalt gerade sehr unterschiedliche Rechnungen aufmacht, einen makaberen Streit. Ist Humankapital messbar, wie es jene von einem deutschen Bankinstitut in Auftrag gegebene Studie verheißt, die den Wert eines Gegenwarts-Deutschen auf 230.000 Euro veranschlagt, indem sie Gestehungswert und Produktionsinvestition für das durchschnittliche Menschenmaterial aus teutonischer Herstellung ermittelt? Die Vorstellung, dass als Fehlinvestition abgebucht wird, was den Menschen zum Menschen macht, etwa Eigensinn und Abweichung vom Weg der Optimierer und Kalkulierer, kann schon gruseln. Doch das Kilo Leben in Cent auszurechnen, zieht offenbar wenig Entrüstung auf sich."

Es wird höchste Zeit zu begreifen, dass das Humankapital eben doch nichts für den Börsenbericht ist. Sonst passiert das, wovor der englische Schriftsteller Oscar Wilde warnte: „Der moderne Zynismus besteht darin, dass wir von allem den Preis aber womöglich von nichts mehr den Wert kennen werden."

Ein Lehrer am Gutenberg Gymnasium in Erfurt antwortete in einem Interview anlässlich des einjährigen Gedenktages nach dem Anschlag, an dem 16 Menschen starben, auf die Frage, welche Lehre er aus dem Anschlag ziehe: „Ich nehme mir nun die Freiheit heraus, weniger gesetzlich und mehr menschlich zu sein."
Mir bleibt nur der Appell an alle Pädagogen: Es bedarf keiner Freiheit, menschlich zu agieren, wenn man mit Menschen umgeht, es ist das Fundament unseres Berufs, unsere selbstverständliche Pflicht! Es ist höchste Zeit zu begreifen, dass Kinder nicht erfolgreich lernen können, wenn sie nur belehrt werden und Stoff dargeboten bekommen, den sie bloß übernehmen sollen ohne persönliche Bedürfnisse und Gefühle. Optimales Lernen bedeutet Eigeninitiative und emotionales Engagement, nicht Fakten konsumieren. Schule ist keine Tankstelle, wo Schüler Karrierekraftstoff für die Zukunft abfüllen können, um mit Vollgas durch's Leben zu surfen. Schule ist ein empfindlicher sozialer Mechanismus, in dem Regeln des menschlichen Umgangs entworfen und eingehalten werden müssen. Wer Lernen als sachliches intellektuelles Geschäft ohne emotionalen Kontext versteht, der darf sich nicht wundern, wenn er vom Pädagogen zum Dompteur mutiert, der ständig die Disziplinpeitsche schwingt, um die sozialen Interaktionen der Gruppe in den Griff zu bekommen.

Lehren heißt mehr als vermitteln, es bedeutet vor allem initiieren. Unser Vorbild als Pädagogen ist dabei entscheidend. Lehrer, die zu spät zum Unterricht kommen oder schlecht vorbereitet sind, legitimieren ihre Schüler, das Gleiche zu tun. Erzieher, die alljährlich die alte Bastelvorlage für die Martinslaterne hervorkramen, sind schlechte Vorbilder für Eigeninitiative und Kreativität.

Der weltweit populäre Kulturkritiker Neil Postman[163] warnt in seinem Buch vor dem Bildungsnotstand im Informationszeitalter. Er glaubt, dass wir in der Erziehung unserer Kinder versagt haben, wenn wir Bildung mit Wissen und *Know-how* gleichsetzen und uns mit modischen Methodendiskussionen an der eigentlichen Sinnfrage vorbeimogeln. „Ohne Erzählung hat das Leben keine Bedeutung. Ohne Bedeutung hat das Lernen kein Ziel. Ohne Sinn sind Schulen Häuser der Leere, nicht der Lehre." Mag sein, dass Postmann die Zukunft zu düster sieht, wenn er das Ende des staatlichen Erziehungs- und Schulsystems prophezeit, weil es aus sich heraus keinen Sinn zu schaffen vermag. Aber in einem hat er zweifellos recht: „Es gab einmal eine Zeit, da Erzieher dafür berühmt wurden, dass sie Gründe für das Lernen lieferten; jetzt werden sie berühmt, weil sie eine Methode erfinden. Es gab einmal eine Zeit, da jene, die über Erziehung schrieben – wie Plato, Comenius, Locke und Rousseau –, ihre Metaphern klar herausstellten, und damit auch enthüllten, dass ihre Metaphern ihr Denken kontrollierten." Heute ist die Fernsehwerbung[164] die quantitativ bedeutendste Quelle von Werten, aus der Kinder schöpfen.

Unserem Erziehungs- und Lernprozess fehlt ein verlässliches Sinn-Fundament, ein erstrebenswertes Menschenbild. Bildung ist mehr als unverbindliche Schöngeisterei, als bloßes Faktenwissen, mit dem man auf einer Party Eindruck schinden kann. Zur Bildung im 21. Jahrhundert gehört vor allem der souveräne Umgang mit den Schlüsselqualifikationen der Zukunft: Soziale Kompetenz und emotionale Intelligenz. Ihre Förderung sollte fester Bestandteil einer jeden Bildungs- und Erziehungskonzeption sein. So nehmen Kinder in ihrer Lernlaufbahn viel Wissen auf, aber ihre Bewusstseinsentfaltung, Persönlichkeitsentwicklung und Herzensbildung bleiben oft auf der Strecke. Wo lernt ein Kind, was zum eigenen Wohlbefinden und das der anderen erforderlich ist, wie man seinen Beruf findet und ausfüllt, wie man seine Probleme löst und seine Ziele erreicht, wie man eine harmonische Partnerschaft aufbaut? Immerzu hört es während seiner Schullaufbahn: „Du lernst für's Leben!" und berechtigterweise fragt es sich „Welches Leben meinen die?" Sein Leben findet in der Gegenwart statt, was weiß es schon über das Leben nach der Schule. Gar nichts! Leben und lernen bedeutet den ganzen Menschen, sein Denken und Fühlen im Hier und Jetzt wertzuschätzen.

Die Zeit ist reif, sich über den reinen Verstandesmenschen hinaus zu entwickeln und nun endlich zu Bewusstsein zu kommen. Es ist Zeit, zu erkennen, dass der Verstand die Wertschätzung, die er bekommt, nie wirklich verdient hat, denn auf alle wirklich wichtigen Fragen kann er uns keine hinreichende Antwort geben. Dabei haben wir ein umfassendes, optimales Werkzeug seit jeher zur Verfügung: das Gefühl. Aber selten hört man von einer Lehrerin, sie habe „ein emotional begabtes Mädchen" in ihrer Klasse, über einen „mathematisch begabten Jungen" spricht man schon eher.
Hier hat unser Schulsystem viel versäumt, nämlich Kinder an ihr inneres Potenzial an die Stärke ihres inneren Fundaments heranzuführen und ihr Selbstmanagement zu fördern. Schon der Humanist Wilhelm von Humboldt (1767 – 1835) forderte eine Bildung, die den Menschen zu dem macht, was er sein soll, nämlich ein Mensch. Das heißt nicht, dass Bildung ohne Fachwissen nur im netten Miteinander des sozialen Lernens, ohne die Anstrengung an der Sache erworben werden kann. „Es gibt keine Bildung ohne Anstrengung", sagte Roman Herzog[165] in einer vielbeachteten Rede.

Solange wir den Bildungsstand eines Menschen danach abmessen, wie viel er auswendig weiß, oder wie hoch sein IQ ist, solange unterliegen wir dem fatalen Irrglauben, dass Gedächtniskünstler und Testgenies gebildete Menschen sind. Unsere Kinder werden weder mit der Kuschel- noch mit Paukpädagogik die Zukunft meistern. Sie brauchen vielmehr Pädagogen mit Kopf, Herz und Hand!

Kapitel 8

Kleine Schatztruhe der Herzensbildung

Ich will nicht nur an euren
Verstand appellieren.
Ich will eure Herzen
gewinnen.
Mahatma Gandhi

Das Oberhaupt der indischen Befreiungsbewegung Mahatma Gandhi (1869 – 1948) hatte vollkommen recht: Mit Vernunft, Klugheit und Scharfsinn allein ist wenig gewonnen. Um inneres Wachstum und äußere Veränderung auszulösen, sind die Kräfte des Herzens von ebenso großer Bedeutung. Jeder Wandel beginnt mit Optimismus und vor allem bei einem selbst. In der Schatztruhe zur Herzensbildung finden Sie wertvolle Perlen zum Staunen, Besinnen und Schmunzeln. Ich hoffe, Ihnen damit ein wenig Mut zu machen, für den kleinen Wandel im großen Alltagsgetriebe.

★

Willst du das Land in Ordnung bringen,
musst du erst die Provinzen in Ordnung bringen.

Willst du die Provinzen in Ordnung bringen,
musst du die Städte in Ordnung bringen.

Willst du die Städte in Ordnung bringen,
musst du die Familien in Ordnung bringen.

Willst du die Familien in Ordnung bringen,
musst du die eigene Familie in Ordnung bringen.

Willst du die eigene Familie in Ordnung bringen,
musst du dich selbst in Ordnung bringen.
Konfuzius (551 – 479 v. Chr.)

★

Wenn Väter ihre Kinder gewähren lassen und sich vor ihnen geradezu fürchten, wenn Söhne ohne Erfahrung handeln wollen wie die Väter, sich nichts sagen lassen, um selbstständig zu erscheinen, wenn Lehrer, statt ihre Schüler mit sicherer Hand auf den sicheren Weg zu führen, sich vor ihnen fürchten und staunen, dass ihre Schüler sie verachten, wenn die Alten sich aber unter die Jungen setzen und versuchen sich ihnen gefällig zu machen, indem sie Ungehörigkeiten übersehen oder gar an ihnen teilnehmen, damit sie nicht als vergreist oder

autoritätsgierig erscheinen, wenn die auf diese Weise verführte Jugend aufsässig wird, sofern man ihr nur den mindesten Zwang auferlegen will, weil niemand sie lehrte, die Gesetze zu achten, ohne die keine Gemeinschaft leben kann, dann ist Vorsicht geboten: Dieser Weg droht in die Tyrannei zu führen.
Platon (427 v. Chr.) Politeia

★

Vor langer, langer Zeit existierte eine Insel, auf der das Wissen und alle Gefühle der Menschen lebten: Die gute Laune, die Traurigkeit und so wie alle anderen Gefühle, auch die Liebe. Eines Tages wurde den Gefühlen mitgeteilt, dass die Insel zu sinken drohe. Also bereiteten alle ihre Schiffe vor und verließen die Insel. Nur die Liebe wollte bis zum letzten Augenblick warten. Bevor die Insel sank, bat die Liebe um Hilfe:
Der Reichtum fuhr auf einem luxuriösen Schiff an der Liebe vorbei. Sie fragte: „Reichtum, kannst du mich mitnehmen?" „Nein, ich kann nicht. Auf meinem Schiff habe ich viel Gold und Silber. Da ist kein Platz für dich."
Also fragte die Liebe den Stolz, der auf einem wunderbaren Schiff vorbeikam: „Stolz, ich bitte dich, nimm mich mit!" „Liebe, ich kann dich nicht mitnehmen", antwortete der Stolz „hier ist alles perfekt. Du könntest mein Schiff beschädigen."
Also fragte die Liebe die Traurigkeit, die an ihr vorbeizog: „Traurigkeit, bitte nimm mich mit!" „Oh Liebe", sagte die Traurigkeit, „ich bin so traurig, dass ich alleine bleiben muss."
Auch die gute Laune ging an der Liebe vorbei, aber sie war so zufrieden, dass sie nicht hörte, dass die Liebe sie rief.
Plötzlich sagte eine Stimme: „Komm Liebe, ich nehme dich mit." Es war eine Alte, die sprach. Die Liebe war so dankbar und so glücklich, dass sie vergaß die Alte nach ihrem Namen zu fragen. Als sie an Land kamen, ging die Alte fort.
Die Liebe bemerkte, dass sie ihr viel schuldete und fragte das Wissen: „Wissen, kannst du mir sagen, wer mir geholfen hat?" „Es war die Zeit", antwortete das Wissen. „Die Zeit?", fragte die Liebe, „warum hat die Zeit mir geholfen?" Das Wissen antwortete: „Weil nur die Zeit versteht, wie wichtig die Liebe im Leben ist."
Quelle unbekannt

Desiderata[166]

gehe ruhig und gelassen durch Lärm und Hast und sei des Friedens eingedenk, den die Stille bergen kann.
Stehe, soweit ohne Selbstaufgabe möglich, in freundlicher Beziehung zu allen Menschen.
Äußere Deine Wahrheit ruhig und klar, höre anderen zu, auch den Geistlosen und Unwissenden, auch sie haben ihre Geschichte.
Meide laute und aggressive Menschen, sie sind eine Qual für den Geist.
Bleibe weiter an Deiner Laufbahn interessiert, wie bescheiden auch immer. Sie ist ein echter Besitz im wechselnden Glück der Zeiten.
In Deinen geschäftlichen Angelegenheiten laß Vorsicht walten, denn die Welt ist voller Betrug. Aber dies soll Dich nicht blind machen gegen gleichermaßen vorhandene Rechtschaffenheit.
Viele Menschen ringen um hohe Ideale, und überall ist das Leben voller Heldentum.
Sei Du selbst. Vor allen Dingen heuchle keine Zuneigung, noch sei zynisch, was die Liebe betrifft, denn auch im Angesicht aller Dürre und Enttäuschung ist sie doch immer während wie das Gras.
Ertrage freundlich-gelassen den Ratschluß der Jahre. Gib die Dinge der Jugend mit Grazie auf.
Stärke die Kraft des Geistes, damit sie Dich im plötzlich hereinbrechenden Unglück schütze.
Sei vorsichtig. Strebe danach glücklich zu sein.
Max Ehrmann (1927)

★

Wenn die Welt ein Dorf wäre[167]

Wenn wir die Menschheit auf ein Dorf von 100 Einwohnern reduzieren würden, mit Berücksichtigung bestehender Proportionen, wäre dieses Volk wie folgt zusammengestellt:
57 Asiaten
21 Europäer
14 Amerikaner (Nord und Süd)
8 Afrikaner
(Beim Runden auf ganze Zahlen beträgt die Einwohnerzahl Australiens 0)
52 wären Frauen
48 wären Männer

70 wären Nicht-Weiße
30 Weiße
70 nicht Christen
30 Christen
89 Heterosexuelle
11 Homosexuelle
80 hätten keine ausreichenden Wohnverhältnisse
70 wären Analphabeten
50 wären unterernährt
1 würde sterben
2 würden geboren
1 hätte einen PC
1 hätte einen akademischen Abschluss
6 Personen würden 95 % des gesamten Weltreichtums besitzen
und alle 6 Personen kämen aus den USA.

Wenn man die Welt aus dieser Sicht betrachtet, wird jedem klar, wie nötig wir Zusammengehörigkeit, Verständnis, Akzeptanz und Bildung brauchen.

Falls Sie heute gesund und nicht krank aufgewacht sind, sind Sie glücklicher als eine Million Menschen, welche die nächste Woche nicht erleben werden.

Falls Sie nie Krieg erlebt, nie die Einsamkeit als Gefangener, nie die Agonie des Gequälten oder Hunger gespürt haben, dann sind Sie glücklicher als 500 Millionen Menschen auf der Welt.

Falls sich in Ihrem Kühlschrank Essen befindet, Sie angezogen sind, ein Dach über dem Kopf und ein Bett haben, sind Sie reicher als 75 % der Bewohner dieser Welt.

Falls Sie ein Konto bei einer Bank und ein wenig Geld im Portemonnaie haben, gehören Sie zu den 8 % der wohlhabenden Menschen auf dieser Welt.

An die Erzieher und Lehrer[168]

Ich bin überzeugt davon, dass Fortschritt oder Verfall der Menschheit zu einem guten Teil von den Erziehern und Lehrern abhängt und diese daher eine große Verantwortung zu tragen haben.

Wenn Sie unterrichten, dann seien Sie bemüht, nicht nur Wissen zu vermitteln, sondern versuchen Sie auch, in Ihren Schülern ein Gefühl für die grundlegenden menschlichen Qualitäten zu wecken und in ihnen Redlichkeit, Mitgefühl, die Fähigkeit zu verzeihen und Verständnis für andere Menschen wachsen zu lassen. Diese Themen sollen nicht nur der traditionellen Moral oder der Religion vorbehalten sein. Zeigen Sie Ihren Schülern, dass diese Eigenschaften für das Glück und das Überleben der Welt ganz einfach unverzichtbar sind.

Lehren Sie Ihre Schüler, mit anderen in Dialog zu treten und Konflikte ohne Gewaltanwendung zu lösen; lehren Sie sie, sich im Falle von Unstimmigkeiten für das zu interessieren, was der andere denkt. Bringen Sie ihnen bei, die Dinge nicht von einem engen Standpunkt aus zu beurteilen und nicht nur an *sich selbst*, an *ihre* Gemeinschaft, *ihr* Land, *ihre* Rasse zu denken, sondern sich bewusst zu werden, dass alle Wesen die gleichen Rechte und die gleichen Bedürfnisse haben. Versuchen Sie, in ihnen ein Gefühl für Verantwortung zu wecken, zeigen Sie ihnen, dass nichts, was wir tun, wirkungslos ist, sondern alles den Rest der Welt beeinflusst.

Begnügen Sie sich nicht mit Worten, seien Sie selbst ein Vorbild. Dann werden sich die Schüler besser an das erinnern, was Sie ihnen sagen.

Kurz gesagt: Zeigen Sie sich in jeder Hinsicht verantwortlich für die Zukunft Ihrer Schüler.

Dalai Lama

Wertvolle Adressen und Adressaten

In Deutschland

Bundeskonferenz für Erziehungsberatung e.V.
Herrnstr. 53
90763 Fürth
Tel: 0911 – 97 71 40
www.bke.de

Pro Familia e. V. Bundesverband
Stresemannallee 3
60596 Frankfurt a. M.
Tel: 069 – 63 90 02
www.profamilia.de

Arbeitsgemeinschaft für Erziehungshilfe e.V.
Osterstr. 27
30159 Hannover
Tel: 0511 – 35 39 913
www.afet-ev.de

Ökumenischer Erziehungshilfeverbund
– Jugendhilfestationen –
Trierer Str. 14
54634 Bitburg
Tel: 065 61 – 97 100 11

Bundesverband der Elternkreise drogengefährdeter und drogenabhängiger Jugendlicher
Ansbacher Str. 11
10787 Berlin
Tel: 030 – 55 67 020
http://home.snafu.de/bvek

Deutscher Kinderschutzbund, Bundesverband
Hinüberstr. 8
30175 Hannover
Tel: 0511 – 30 48 50
www.dksb.de

Zartbitter
Kontaktstelle gegen sexuellen Mißbrauch an Mädchen und Jungen
Sachsenring 2 – 4
50677 Köln
Tel: 0221 – 31 20 55
www.komkon.de

Domino – Zentrum für trauernde Kinder e.V.
Auf dem Broich 24
51519 Odenthal
Tel: 02174 – 43 99
www.zentrakin.de

Verwaiste Eltern in Deutschland e.V. Bundesstelle
Fuhrenweg 3
21391 Reppenstedt
Tel: 04131 – 680 32 32
www.veid.de

Elterntelefon des Deutschen Kinderschutzbundes
Tel: 0800 – 11 10 550 (bundesweit gebührenfrei)

Homepage für Eltern
www.familienhandbuch.de

Kinder- und Jugendtelefon des Deutschen Kinderschutzbundes
Tel: 0800 – 11 10 333 (bundesweit gebührenfrei)

Homepage für Kinder und Jugendliche
www.YoungAvenue.de

Lachclubs
Lachclub Wiesbaden
Wandersmannstr. 39
65205 Wiesbaden
Tel: 0611 – 74 001

Lachclub Berlin
Wetzlarer Str. 13
14197 Berlin
Tel: 030 – 8213160

Die Clown Doktoren e.V.
Rheingoldstraße 5
65201 Wiesbaden
Tel: 0611 – 9410176
info@clown-doktoren.de

In Österreich

Elternkreis Wien
Verein zur Förderung von Suchtvorbeugung und Suchthilfe
Späthgasse 6/2
1220 Wien
Tel: (01) 282 36 94
www.elternkreis.at

Die Wiener Kinderfreunde
Gemeinnützige Familienorganisation
www.wien.kinderfreunde.at

CliniClowns Austria
Verein zur Förderung und Erforschung der Betreuung
kranker Menschen durch Clowns
Schwarzenbergplatz 16
A -1011 Wien
Tel: (01) 50 200 - 200
lachen@cliniclowns.at

In der Schweiz

Beratung für Jugendliche
und Kinder
www.kidscorner.ch/beratung

Interessante links für Kinder und Jugendliche
in Deutschland, Österreich, der Schweiz
www.kinderschreie-rechtliches.de/kinderlinks

Humor Care
Gesellschaft zur Förderung von Humor in Therapie, Pflege und Beratung
Peter Hain
Postfach 4960
CH-8022 Zürich

Unser mobiles Fortbildungsangebot

Wir hoffen, dass dieses Schatzbuch Ihnen, liebe Erzieherinnen und Erzieher, Lehrer und Eltern viele Anregungen für die Praxis geben wird. Aber ein Buch ist und bleibt ein theoretisches Werk. Als Herausgeberin möchte die **Gesellschaft für ganzheitliches Lernen e.V.** mehr als nur Fachwissen vermitteln! Denn sie:

- ist ein gemeinnütziger Verein engagierter Fachleute aus der Pädagogik, Psychologie, Biologie und Medizin
- informiert über die neuen wissenschaftlichen Erkenntnisse aus der Hirnforschung und Neurodidaktik
- hat ein ganzheitliches Erziehungs- und Lernkonzept entwickelt
- leistet pädagogische Prävention, damit Kinder nicht in den Therapie-Brunnen fallen
- entwickelt ganzheitliche Lernspiele für Kindergarten und Schule
- fördert den Dialog zwischen Eltern, Pädagogen und Therapeuten
- berät Einrichtungen bei ihrer Konzeption
- ist in Deutschland, Österreich, Belgien und in der Schweiz aktiv.

Unsere **mobilen Seminare, Fachtagungen und Zertifikats-Lehrgänge** (Ganzheitlich Lernen / Herzensbildung) sind bekannt für ihre optimale Verknüpfung von Theorie und Praxis, für wissenschaftlich fundierte Inhalte, für effektive Methoden und Spiele, die im Kindergarten- und Schulalltag sofort einsetzbar sind. Sie erleben in anregender Atmosphäre neue Wege des Lernens, tauschen Erfahrungen mit Kollegen aus und tanken persönlich auf.
Wir kommen zu Ihnen wann und wohin Sie wollen.

Gerne beraten wir Sie über unser mobiles Fortbildungsangebot:
Gesellschaft für ganzheitliches Lernen e.V.
Frau Dr. Charmaine Liebertz
Zülpicher Platz 18, 50674 Köln
Tel: 0221-92 33 103, Fax: 0221-92 33 199
c.liebertz@ganzheitlichlernen.de

Besuchen Sie uns im Internet:
www.ganzheitlichlernen.de
www.ganzheitlichlernen.com

Anmerkungen

1 Herzog, Roman: Gut und gütig. Eine Rede über Begabung und Elite. Gehalten am 2. Juni 1996 auf Schloss Eringerfeld. In: InterNationes. Bildung und Wissenschaft 3/97. Begabtenförderung. S. 3/4

2 Goleman, Daniel: Emotionale Intelligenz. München 2000. s. Umschlagtext.

3 Liebertz, Charmaine: Das Schatzbuch ganzheitlichen Lernens. Grundlagen, Methoden und Spiele für eine zukunftsweisende Erziehung. München 5. Auflage 2003.

4 Goleman, Daniel: Unser Gehirn tanzt. Interview in: Der Spiegel. Nr.6, 1996.

5 vgl. Interview mit Prof. Dr. Scheerer„Ist Gewalt ein Monopol der Männer?" In: Geowissen Nr. 26, Hamburg 2000. S. 150 ff.

6 Goleman, Daniel: Unser Gehirn tanzt. Interview in: Der Spiegel. Nr. 6, 1996. S.129.

7 Struck, Peter: Die Kunst der Erziehung. Ein Plädoyer für ein zeitgemäßes Zusammenleben mit Kindern und Jugendlichen. Darmstadt 1996. S. 35.

8 Prekop, Jirina: Einfühlung oder die Intelligenz des Herzens. München 2002. S.146.

9 Gebauer, Karl: Die Gefühle stehen aus Sturm – gebt Halt! In: Rems-Murr-Rundschau. 6.11.2002.

10 Näheres zur Studie: Vgl. Gangloff, Tilmann: Nicht nur Kevin ist allein zu Haus. In: Hamburger Abendblatt, 27.6.2002.

11 Struck, Peter: Wenn Lehrer gut sein sollen, brauchen sie Zeit. In: Flensburger Tageblatt, 4.6.2003, S. 6.

12 vgl. Wiesse, Jörg: Identität und Einsamkeit. Göttingen 2000.

13 Keupp, Heiner: Psychologisches Handeln in der Risikogesellschaft. München 1994.

14 Hurrelmann, Klaus / Unverzagt, Gerlinde: Kinder stark machen für das Leben. Herzenswärme, Freiräume, klare Regeln. Freiburg 2000. S. 31.

15 Den Länderbericht der Pisa Studie stellte NRW-Schulministerin Ute Schäfer im März 03 vor.

16 Über den Sitz der Seele im Körper gab es in der Geschichte viele Theorien. Mal saß sie im Herzen oder in der Leber bis hin zu der Annahme – von Thomas von Aquin und anderen christlichen Autoritäten –, dass sich die Seelen der zukünftigen Kinder in den Hoden eines Mannes befänden.

17 Im Jenseits – so glaubten die Ägypter – trat der Verstorbene vor den Herrscher des Totenreichs Osiris. Dort legte er sein Herz in die Waagschale, wo es an Maat – der Göttin für Ordnung, Wahrheit und Gerechtigkeit – gemessen wurde. Der Tote sagte nun einen festgelegten Kanon von Tugenden auf, z.B. dass er nicht gelogen oder gemordet habe. Bei jeder Aussage achtete der göttliche Wägemeister Anubis darauf, wie die Waage ausschlug. Denn die Ägypter glaubten, dass Sünden das Herz auch physikalisch belasten und schwerer machen.

18 Für den Herz-Jesu-Kult spielte die Salesianerin Marguerite-Marie Alacoque (1647 – 1690) eine große Rolle. Sie berichtete, in Visionen das dornenumwundene Herz Jesu gesehen und den Auftrag erhalten zu haben, den Kult zu verbreiten. Es entstanden zahlreiche Herz-Jesu-Bruderschaften, aber erst nach vielen Jahrzehnten approbierte die Kirche im Jahre 1765 ein eigenes Herz-Jesu-Fest.

19 In dieser Epoche lehnte sich die junge Generation der deutschen Denker und Dichter gegen die verstandesbetonte Aufklärung auf. Die irrationalen Kräfte des Gefühls und der Leidenschaft wurden verherrlicht und fanden in der Literatur ihren Ausdruck. Die Epoche wurde eingeleitet durch Jean-Jacques Rousseaus Naturempfinden (1712 – 1778, franz.-schweiz. Philosoph); desweiteren gehörten Klopstock, Herder, Schiller und Goethe in ihrer Frühzeit dazu.

20 Im Märchen *Das kalte Herz* benutzte Hauff das Bild des marmornen Steines. Wer sein Herz für einen solchen Stein hergab, wurde zwar reich aber es überkam ihn unendliche Langweile. Er empfand keine Gefühle und war zutiefst unglücklich. In diesem Märchen erkennt die Hauptfigur Peter zwei Dinge sehr schmerzlich: Nur das, was von Herzen kommt, macht glücklich und nur der Kluge erkennt, wie wichtig das Herz für ein lebenswertes Leben ist.

21 The Yellow Emperor's Classic of Internal Medicine – Simple Questions. People's Health Publishing House. Beijing 1979 (etwa 100 v. Chr. erschienen). S. 58

22 Jedes chinesische Schriftzeichen hat sogenannte Radikalzeichen (davon gibt es 214!). Sie sind der übergeordnete Bestandteil eines Schriftzeichens und haben gliederungstechnische Funktion. Die Schriftzeichen für „denken" stehen also unter dem Radikal „Herz".

23 vgl.: Maciocio, Giovanni, Die Praxis der chinesischen Medizin. Die Behandlung von Erkrankungen mit Akupunktur und chinesischer Arzneimitteltherapie. Verlag für ganzheitliche Medizin. Kötzting / Bayer. Wald 1997.

24 1628 veröffentlichte William Harvey seine Beschreibung des Blutkreislaufes in dem Buch „Exercitatio Anatomica de Motu Cordis et Sanguinis in Animalibus". In den 17 Kapiteln hat er die Irrtümer der seit 1400 Jahren herrschenden Lehre aufgezeigt und neue klinische Fakten erläutert.

25 Leonardo da Vinci veröffentlichte seine anatomischen Studien nicht. Sie blieben daher ohne Wirkung auf seine Zeitgenossen. Aber in ihrer Detailgenauigkeit waren die Studien so unübertroffen, dass sie im 19. und 20. Jahrhundert ihre stärkste Wirkung erzielten.

26 Begründer der modernen wissenschaftlichen Anatomie und Leibarzt von Kaiser Karl V.

27 Damasio, Antonio R.: Descartes Irrtum. Fühlen, Denken und das menschliche Gehirn. München 2001, S. 225 ff.

28 McLean, Paul, D.: The Triune Brain in Evolution. Role in Paleocerebral Functions. Plenum Press, New York, NY. 1990

29 Damasio, Antonio R.: Descartes Irrtum. Fühlen, Denken und das menschliche Gehirn. München 2001, S. 342.

30 vgl. Descartes, René: Abhandlung über die Methode des richtigen Vernunftgebrauchs und der wissenschaftlichen Wahrheitsforschung. Stuttgart 1961

31 u.a. vgl.
– Damasio, Antonio R.: Descartes Irrtum. Fühlen, Denken und das menschliche Gehirn. München 2001.
– Singer, Wolf: Der Beobachter im Gehirn. Essays zur Hirnforschung. Frankfurt a. M. 2002.

32 vgl. Singer, Wolf: Auf dem Weg nach innen. Rede anläßlich des 50jährigen Gründungsjubiläum der Max-Planck-Gesellschaft. Göttingen 1998.

33 Braitenberg,V./Schütz,A.. Cortex: Hohe Ordnung oder größtmögliches Durcheinander? In: Spektrum der Wissenschaft, 1989, 5, S. 74 – 86

34 Auch Amygdala genannt, aus dem Griech. = mandelförmig.

35 Goleman, Daniel: Emotionale Intelligenz. München 2000. S. 35 ff.

36 Weitere Details über den legendärsten Unfall der Hirnforschung siehe:
- Damasio, Antonio R.: Descartes Irrtum. Fühlen, Denken und das menschliche Gehirn. München 2001, 6. Aufl., S. 25 ff.
- Greenfield, Susan A.: Reiseführer Gehirn. Heidelberg, Berlin 1999. S. 34 ff.

37 Roth, Gerhard: Fühlen, Denken, Handeln. Wie das Gehirn unser Verhalten steuert. Frankfurt a. M. 2001. S. 455

38 Das winzige Dopaminmolekül – bestehend aus 22 Atomen – ist ein großes Multitalent: Es steuert unsere Wachheit, lenkt die Aufmerksamkeit, steigert Neugier und Konzentration, Lern- und Gedächtnisvermögen, Kreativität und Phantasie. Aber es ist nicht nur das treibende Hormon für's Lernen sondern auch für unsere sexuelle Begierde. Die Wissenschaftler haben längst noch nicht alle Kunststücke von Dopamin erforscht!

39 Spritzt man Oxytocin in das Gehirn einer Ratte, die niemals geboren hat, dann verwandelt sich dieses jungfräuliche Tier in eine liebevolle Mutter, die sich um fremde Junge kümmert.

40 LeDoux, Joseph: Das Netz der Gefühle. Wie Emotionen entstehen. München 2003. S. 107.

41 Klein, Stefan: Die Glücksformel oder Wie die guten Gefühle entstehen. Hamburg 2002. S.53.

42 Kline, Peter: Das alltägliche Genie oder: Wie man sich in das Lernen (neu) verlieben kann. Paderborn 1995. S.199.

43 Damasio, Antonio R.: Descartes Error and the Future of Human Life. In: Scientific American. Putnam Okt. 1994. S. 205 – 223

44 Bekannt als Glücksspielexperimente: Sie wurden mit Patienten durchgeführt, deren Stirnlappen dort beschädigt war, wo das Gehirn die Verbindung zum limbischen System herstellt und Emotionen verarbeitet. Diese Patienten hatten ein reduziertes emotionales Reaktionsvermögen und waren unfähig, in persönlichen oder sozialen Belangen vernünftige Entscheidungen zu treffen. Damasios Forschergruppe untersuchte nun die Wechselwirkung von Gefühl und Lernen. Die Patienten wurden mit einem Kartenspiel vertraut gemacht, dass ihre rationalen Entscheidungen, die sie während des Spielverlaufs lernen konnten, belohnt. Irrationale Entscheidungen, die das Gelernte nicht berücksichtigten, wurden mit Verlusten bestraft. Den Patienten mit Stirnlappenschädigung gelang es nicht, aus ihren Verlusten zu lernen. Die Vergleichsgruppe mit gesunden Spielern dagegen lernten rasch die Erfolgsstrategie des Spieles.

45 Scheich, Henning: Begeisterung diszipliniert. In: Der Spiegel. Nr.27, 2002. S. 77.

46 vgl. Ellis und Moore 1999; Parrott und Spackmann 2000

47 Spitzer, Manfred: Lernen. Gehirnforschung und die Schule des Lebens. Heidelberg 2002. S. 166.

48 vgl. u.a. J.L. McGaugh: Involvement of hormonal and neuromodulatory systems in the regulation of memory storage. In: Annual Review of Neuroscience 12 (1989). S. 255 – 287

49 Hüther, Gerald: Leben lernen ohne Dressur. Interview in: Publik-Forum, Nr. 10, 2003. S. 19

50 Die Forderung nach Lernen mit Kopf, Herz und Hand stellte bereits Ende des 18. Jahrhundert der Pädagoge Johann Heinrich Pestalozzi (1746 – 1827) auf.

51 de Beauport, Elizabeth: Tarrytown Newsletter, 1983.

52 vgl. Pascal, Blaise: Pensées. Paris 1976. In einer interessanten Skizze zu Pascal's Philosophie stehen Vernunft und Herz gleichberechtigt nebeneinander (dtv-Atlas zur Philosophie. München 1991. S. 128)

53 Locke, John: Einige Gedanken über die Erziehung. (1693). Paderborn 1967. S. 75.

54 vgl. Vauvenargues, Luc de Clapiere: Introduction à la connaissance de l'ésprit humain, suvi de reflexions et de maximes. Paris 1747.

55 vgl. Rousseau, Jean-Jacques: Emil oder Über die Erziehung. Paderborn 1975.

56 Pestalozzi, Heinrich: Wie Gertrud ihre Kinder lehrt. Baden-Baden 1947. S. 175 ff.

57 vgl.: Pestalozzi, Johann H: Sämtliche Briefe. Kritische Ausgabe. Hrsg. v. Pestalozzianum Zürich und Pädagogisches Institut d. Universität Zürich

58 vgl. Freud, Sigmund: Abriß der Psychoanalyse. Das Unbehagen in der Kultur. Frankfurt a. M. 1970

59 vgl. De Sousa, Ronald: Die Rationalität des Gefühls. Frankfurt a.M. 2001

60 Damasio, Antonio R.: Descartes Error and the Future of Human Life. In: Scientific American, Okt. 1994, S. 144

61 Gelernter, David: The Muse in the Machine. Computerizing Poetry of Human Thought. New York 1994. S. 46 – 47.

62 Klein, Stefan: Die Glücksformel oder Wie die guten Gefühle entstehen. Hamburg 2002. S.43.

63 Ohne die freundliche Unterstützung des Instituts für deutsche Sprache in Mannheim hätte ich diese sicher nicht beantworten können. Nach gründlicher Recherche fand man kleine lexikalische Edelsteine.

64 Deutsches Wörterbuch von Jacob und Wilhelm Grimm. Band IV,II. Leipzig 1877. S. 1233.

65 Zuschauer in Baiern. Erster Band 1779. S. 2.

66 Jenaische Allgemeine Literatur-Zeitung. September 1838, Nr.179, S. 471.

67 Büchner, Luise: Die Frauen und ihr Beruf. (Erstdruck 1855, anonym) Band 4. vermehrte und verbesserte Auflage, Leipzig: Th. Thomas.1872. S. 42-43

68 Biedermann: Frauen-Brevier (Erstv. 1856), 1986, S. 83.

69 Salovey, Peter / Mayer, John: Emotional Intelligence. Imagination, Cognition an Personality. 1990.

70 vgl. Gardner, Howard: Abschied vom IQ. Die Rahmen-Theorie der vielfachen Intelligenzen. Stuttgart 1991.

71 vgl. Goleman, Daniel: Emotionale Intelligenz. München 2000. Daniel Goldman, geb. 1946, war klinischer Psychologe an der Harvard Universität, USA. Zur Zeit ist er Redakteur für Psychologie und Neurowissenschaften bei der New York Times.

72 Postmann, Neil: Keine Götter mehr. Das Ende der Erziehung. München 2001. 3.Aufl. S. 43; S. 210.

73 Goleman, Daniel: Unser Gehirn tanzt. Interview in : Der Spiegel. Nr.6, 1996. S.127.

74 Hüther, Gerald: Leben lernen ohne Dressur. Interview in: Publik-Forum, Nr. 10, 2003. S. 19

75 vgl. Goleman, Daniel: Emotionale Intelligenz. München 2000.

76 Damasio, Antonio R.: Descartes Irrtum. Fühlen, Denken und das menschliche Gehirn. München 2001, S. 353.

77 Damasio, Antonio R.: Ich fühle, also bin ich. Die Entschlüsselung des Bewusstseins. München 2002. S. 57.

78 Brown, Daniel: Das Gehirn und die Gefühle. In: Goleman, Daniel (Hrsg.). Die heilende Kraft der Gefühle. München 2001. S. 107

79 Spitzer, Manfred: Lernen. Gehirnforschung und die Schule des Lebens. Heidelberg 2002. S. 157.

80 Varela, Francisco J.: Das Gehirn und die Gefühle. In: Goleman, Daniel (Hrsg.). Die heilende Kraft der Gefühle. München 2001. S. 110

81 Den ersten Nachweis erbrachte der Psychologe Paul Ekman (Ekman, 1999). Er geht von 15

grundlegenden Emotionen aus, die sich im Gesichtsausdruck aller Menschen kulturübergreifend äußern. In seiner interkulturellen Studie verbanden 21 Völker der Erde die Mimik mit den selben Gefühlsdeutungen. Übrigens: Selbst Kinder, die von Geburt an blind sind, lächeln spontan, obwohl sie ihr Mienenspiel bei niemandem abgeschaut haben können.

82 Klein, Stefan: Die Glücksformel oder Wie die guten Gefühle entstehen. Hamburg 2002. S. 83.

83 Roth, Gerhard: Fühlen, Denken, Handeln. Wie das Gehirn unser Verhalten steuert. Frankfurt a. M. 2001. S. 350 ff.

84 Aus dem Griech. *charaktér* bedeutet eingebranntes, eingeprägtes (Schrift)zeichen. Das heißt: Bei der Prägung von Münzen gab man ihnen ihre charakteristische Eigenart durch das Einritzen von Schriftzeichen. In Anlehnung daran erfolgte eine Bedeutungsübertragung auf die gleichsam in die Seele eingeprägten Eigenschaften des Menschen.

85 Eliot, Lise: Was geht da drinnen vor? Die Gehirnentwicklung in den ersten fünf Lebensjahren. Berlin 2001. S. 424.

86 Eliot, Lise: Was geht da drinnen vor? Die Gehirnentwicklung in den ersten fünf Lebensjahren. Berlin 2001. S. 430.

87 Ein großer Trost für berufstätige Mütter mit dem ewig schlechten Gewissen: Eine 1991 durchgeführte Langzeitstudie des US-amerikanischen National Institute of Child Health and Human Development (NICHD) mit über 1.300 Kindern an 15 Forschungsstandorten unterschiedlicher ethnischer und sozioökonomischer Gruppen stellte fest, dass eine stabile Bindung zum Kind unabhängig davon ist, ob die Mutter berufstätig ist oder nicht. Vielmehr ist die Qualität der mütterlichen Betreuung entscheidend, das heißt wie einfühlsam die Mutter in der gemeinsam verbrachten Zeit auf ihr Kind eingeht. Die jüngste Forschung stellte auch fest, dass Kinder keinen emotionalen Schaden erleiden, wenn ihre Mütter im ersten Lebensjahr wieder ihrem Beruf nachgehen!
Lit: NICHD Early Child Care Research Network: The effects of infant child care on infant-mother attachment security. Results of the NICHD study of early child care. In: Child Development 68 (1997), 860 – 879.

88 Mehr Infos zur Hirnentwicklung bei Pubertierenden vgl.: Strauch, Barbara: Warum sie so seltsam sind. Gehirnentwicklung bei Teenagern. Berlin 2003.

89 Eliot, Lise: Was geht da drinnen vor? Die Gehirnentwicklung in den ersten fünf Lebensjahren. Berlin 2001. S. 451.

90 Eliot, Lise: Was geht da drinnen vor? Die Gehirnentwicklung in den ersten fünf Lebensjahren. Berlin 2001. S. 449.

91 Der zeitgenössische Historiker Salimbene notierte damals: ... konnten die Kinder ohne Händeklatschen und Gesten und frohe Mienen und Schmeicheleien nicht überleben. Zitiert nach: Montagu, A.: Körperkontakt. Die Bedeutung der Haut für die Entwicklung des Menschen. Stuttgart 1974.

92 Miller, Alice: Das Drama des begabten Kindes und die Suche nach dem wahren Selbst. Frankfurt a. M. 1981. S. 23.

93 Hesse, Hermann: Kinderseele. Leipzig 1998. S. 106.

94 Eisenberger, Götz: Interview zum Thema Zwischen Erfurt und Pisa. In: Die Zeit. Nr.19, 2.5.2002.

95 Lindgren, Astrid

96 Hurrelmann, Klaus / Unverzagt, Gerlinde: Kinder stark machen für das Leben. Herzenswärme, Freiräume, klare Regeln. Freiburg 2000. S. 12.

97 Rousseau, Jean-Jacques: Emil oder Über die Erziehung. Paderborn 1975. S. 212.

98 Roth, Gerhard: Fühlen, Denken, Handeln. Wie das Gehirn unser Verhalten steuert. Frankfurt a. M. 2001. S. 326 ff.

99 Eliot, Lise: Was geht da drinnen vor? Die Gehirnentwicklung in den ersten fünf Lebensjahren. Berlin 2001. S. 413.

100 Goleman, Daniel: Emotionale Intelligenz. München 2000. S. 65 ff.

101 Goleman, Daniel: Unser Gehirn tanzt. Interview in: Der Spiegel. Nr.6, 1996. S.128.

102 Vgl. Pauen, Sabina: Wie werden Kinder selbst – bewußt? Frühkindliche Entwicklung von Vorstellungen über die eigene Person. In: Vogeley, K. / Newen, A. (Hrsg.). Selbst und Gehirn: Menschliches Selbstbewußtsein und seine neurobiologischen Grundlagen. Paderborn 2000.

103 Der Name Rouge-Test leitet sich aus der Versuchsanordnung ab: Ein roter Klecks (rouge) wird auf die Nase des Kleinkindes aufgetragen und zwar ohne dass es dies bemerkt. Nun bleibt nur noch zu beobachten, ob das Kind versucht, sich selbst oder dem Spiegel den Klecks abzuwischen.

104 Gallup, Gordon G.: Mirror – image stimulation. In: Psychological Bulletin, 70, 1968, S. 782 ff.

105 Hobson, Peter: Wie wir denken lernen. Gehirnentwicklung und die Rolle der Gefühle. Düsseldorf 2003, S. 123.

106 Hobson, Peter: Wie wir denken lernen. Gehirnentwicklung und die Rolle der Gefühle. Düsseldorf 2003, S. 114.

107 Hurrelmann, Klaus / Unverzagt, Gerlinde: Kinder stark machen für das Leben. Herzenswärme, Freiräume, klare Regeln. Freiburg 2000. S. 78.

108 Struck, Peter: Die Kunst der Erziehung. Ein Plädoyer für ein zeitgemäßes Zusammenleben mit Kindern und Jugendlichen. Darmstadt 1996. S. 36.

109 Hoffmann, Klaus, W. / Roggenwallner, Bernd: Das EQ-Programm für Kinder. So fördern Sie spielerisch die emotionale Intelligenz. Hamburg 2001. S. 149.

110 Cohen, Donald. J.: The pathology of the self in primary childhood autism and Gilles de la Tourette syndrome. In: Psychiatric Clinics of North America, 3,1980, S. 388.

111 Vgl. Brauns, Axel: Buntschatten und Fledermäuse. Hamburg 2002

112 Hobson, Peter: Wie wir denken lernen. Gehirnentwicklung und die Rolle der Gefühle. Düsseldorf 2003. S. 21.

113 Goleman, Daniel: Emotionale Intelligenz. München 2000. S. 65.

114 Titel eines 1973 von Rainer Werner Fassbinder produzierten Films

115 Damasio, Antonio R.: Descartes Irrtum. Fühlen, Denken und das menschliche Gehirn. München 2001, S. 259

116 Hesse, Hermann: Kinderseele. Leipzig 1998. S. 19 – 20.

117 Goleman, Daniel: Emotionale Intelligenz. München 2000. S. 65.

118 Der Marshmallow-Test ist eine Studie des Psychologen Walter Mischel aus den 70er Jahren. Beschrieben in: Shoda, Yuichi/ Mischel,Walter/Peake, Philip: Predicting adolescent cognitive and self-regulatory competencies from preschool delay of gratification: Identifying diagnostic conditions. In: Developement Psychology 26, 1990, S. 978 ff.

119 Beschrieben in Shoda, Yuichi u.a. vgl. Fußnote 113

120 Spitzer, Manfred: Lernen. Gehirnforschung und die Schule des Lebens. Heidelberg 2002. S. 340.

121 Spitzer, Manfred: Lernen. Gehirnforschung und die Schule des Lebens. Heidelberg 2002. S. 317.

122 Lorenz, Konrad: Die acht Todsünden der zivilisierten Menschheit. München 1997, S. 46 ff.

123 Rousseau, Jean-Jacques: Emil oder Über die Erziehung. Paderborn 1975. S. 56 ff.

124 Goleman, Daniel: Emotionale Intelligenz. München 2000. S. 65.

125 Rousseau, Jean – Jacques: Emil oder Über die Erziehung. Paderborn 1975. S. 213 ff.

126 Prekop, Jirina: Einfühlung oder die Intelligenz des Herzens. München 2002. S. 127 ff.

127 Hobson, Peter: Wie wir denken lernen. Gehirnentwicklung und die Rolle der Gefühle. Düsseldorf 2003. S. 89.

128 Trevarthen, Colwyn: Conversation with a two-month-old. In: New Scientist, 2.5.1974, S. 232.

129 Rousseau, Jean-Jacques: Emil oder Über die Erziehung. Paderborn 1975. S. 224 ff.

130 Dalai Lama: Medizin und Mitleiden. In: Goleman, Daniel (Hrsg.). Die heilende Kraft der Gefühle. München 2001. S. 297

131 Damasio, Antonio R.: Descartes Irrtum. Fühlen, Denken und das menschliche Gehirn. München 2001, S. 344.

132 Der bedeutende Psychologe E.L.Thorndike 1922 hat *soziale Intelligenz* erstmalig beschrieben. Er verstand darunter den Grad der Fähigkeiten eines Individuums mit anderen zu kommunizieren.

133 Spitzer, Manfred: Lernen. Gehirnforschung und die Schule des Lebens. Heidelberg 2002. S. 181 u. S. 314.

134 184 vgl. Gardner, Howard: Abschied vom IQ. Die Rahmentheorie der vielfachen Intelligenzen. Stuttgart 1991. S. 218 ff.

135 Goleman, Daniel: Emotionale Intelligenz. München 2000. S. 66 und S. 147.

136 Schiffer, Eckhard: Warum Huckleberry Finn nicht süchtig wurde. Weinheim 1999. S. 91

137 Beil, Brigitte: Gutes Kind, böses Kind. Warum brauchen Kinder Werte? München 1998. S. 31 ff.

138 Struck, Peter: Die Kunst der Erziehung. Ein Plädoyer für ein zeitgemäßes Zusammenleben mit Kindern und Jugendlichen. Darmstadt 1996. S. 14.

139 Hurrelmann, Klaus / Unverzagt, Gerlinde: Kinder stark machen für das Leben. Herzenswärme, Freiräume, klare Regeln. Freiburg 2000. S. 43.

140 Hurrelmann, Klaus / Unverzagt, Gerlinde: Kinder stark machen für das Leben. Herzenswärme, Freiräume, klare Regeln. Freiburg 2000. S. 38.

141 Der französische Philosoph Jean-Jacques Rousseau veröffentlicht 1762 *Du contrat social* (Über den Gesellschaftsvertrag), sein grundlegendes sozial- und staatsphilosophisches Werk. In ihm vertritt er die These, dass der Staat auf dem Gesellschaftsvertrag beruhe, durch den sich das Individuum freiwillig der volonté générale (dem Gemeinwillen) unterordnet.

142 Fry, William F.: Sweet Madness: A Study of Humor. Palo Alto, California 1963

143 vgl. Interview mit Fry in der Süddeutschen Zeitung vom 10. 12. 1999.

144 An der Universität Tübingen fand man anhand von Hirnaufnahmen aus dem Kernspintomografen heraus, dass der vordere rechte Stirnlappen beim Lachen über Bilderwitze besonders aktiv ist.

145 vgl. Haug-Schnabel, Gabriele: Kinder lachen gern. Was ErzieherInnen im Umgang mit Humor wissen sollten. In: Kiga heute 4 / 2002. S. 10 ff.

146 vgl. Martin, Rod A. / Lefcourt, Herbert M.: Humor and life stress: Antidote to adversity. New York, Berlin 1986.

147 US-Forscher in Boston, die in ihrer Studie acht Jahre lang die Lungen von 670 Männern untersuchten, wiesen nach: Die Lacher hatten bessere Lungenfunktionen. Dabei spielte es keine Rolle, ob sie Raucher waren!

148 vgl. Titze, M. / Eschenröder, Ch. T.: Therapeutischer Humor. Frankfurt 1998

149 vgl. Hirsch, Rolf D. (Hrsg.): Psychotherapie im Alter. Göttingen 1990

150 vgl. Kiphard, Ernst J.: Humor, Komik und Lachen als therapeutische Elemente. In: Zsch. Praxis der Psychomotorik. 4, 1999.

151 vgl. Kiphard, E.J.: Lachen auf Rezept - Clowns in Kinderkliniken. In: Zsch. Praxis der Psychomotorik 23, 3, Dortmund 1998.

152 vgl. Kataria, Mandan: Lachen ohne Grund ... eine das Leben verändernde Erfahrung. Petersberg 2002.

153 vgl. Bergson, Henri: Das Lachen. Meisenheim am Glan 1948 (Paris 1900). S. 9 und S. 109.

154 Freud, Sigmund: Der Witz und seine Beziehung zum Unbewussten. Frankfurt a.M. 2001. S. 169.

155 Umfrage des Hamburger Ipsos-Institut, bei der 1.000 Menschen befragt wurden: 16% der Frauen und nur 10% der Männer gaben an, über sich selbst lachen zu können.

156 Werth, Lioba: Auf die Haltung kommt es an. Bodyfeedback. In: Psychologie heute, Februar 2003. S. 61.

157 Frostig, M. / Maslow, P.: Lernprobleme in der Schule. Stuttgart1978.

158 Kast, V.: Freude, Inspiration, Hoffnung. Olten 1991.

159 Hierzu ein empfehlenswertes Kinderbuch, dass Kindern die Angst vor der Schule nimmt: Jörg, Sabine: Der Ernst des Lebens. Stuttgart 1993.

160 u.a. vgl.:
- Gruntz-Stoll, Johannes: Ernsthaft humorvoll. Lachen(d) Lernen in Erziehung und Unterricht, Beratung und Therapie. 2001.
- Gruntz-Stoll, Johannes / Rißland, Birgit (Hrsg.): Lachen macht Schule. Humor in Erziehung und Unterricht 2002.
- Rißland, Birgit: Humor und seine Bedeutung für den Lehrerberuf. 2002.

161 Goeudevert, Daniel: Der Horizont hat Flügel. Die Zukunft der Bildung. München 2001. S. 20 + 32.

162 Gaede, Peter-Matthias. Editorial In: GEO, Heft März 2003. S. 3

163 Postman, Neil: Keine Götter mehr. Das Ende der Erziehung. München 2001. 3.Aufl. S. 20 + S. 207.

164 Ein amerikanisches Kind zwischen 3 und 18 Jahren sieht etwa 500.000 Werbespots. In Deutschland dürfte die Zahl nicht viel geringer sein!

165 Rede am 5. 11. 1997 in Berlin. Vgl. Süddeutsche Zeitung vom 6. 11. 1997: Entlassen wir unser Bildungssystem in die Freiheit.

166 Um die Entstehung dieses Textes rankt sich die Legende, er stamme von einem unbekannten Autor aus dem Jahre 1692 und sei in der Old St. Paul's Church, Baltimore auf einem Stein gefunden worden. Tatsächlich hat der deutsch-amerikanische Schriftsteller Max Ehrmann in Terre Haute, Indiana, die beeindruckenden Zeilen 1927 ohne Titel verfasst. In The Poems of Max Ehrmann wurden sie drei Jahre nach seinem Tod im Jahr 1948 von seiner Witwe veröffentlicht. 1956 wurden sie in das Büchlein The Desiderata Booklet der Old St. Paul's Church (gegründet 1692) aufgenommen.

167 vgl. Smith, David J. / Armstrong, Shelagh: Wenn die Welt ein Dorf wäre. Wien, München 2002.

168 Dalai Lama: Ratschläge des Herzens. Zürich 2003. S.88

Literatur

de Beauport, Elizabeth: Tarrytown Newsletter, 1983.

Beil, Brigitte: Gutes Kind, böses Kind. Warum brauchen Kinder Werte? München 1998.

Bergson, Henri: Das Lachen. Meisenheim am Glan 1948 (Paris 1900).

Biedermann: Frauen-Brevier (Erstv. 1856), 1986.

Braitenberg, V. / Schütz, A.: Cortex: Hohe Ordnung oder größtmögliches Durcheinander? In: Spektrum der Wissenschaft, 1989, 5.

Brauns, Axel: Buntschatten und Fledermäuse. Hamburg 2002.

Brown, Daniel: Das Gehirn und die Gefühle. In: Goleman, Daniel (Hrsg.). Die heilende Kraft der Gefühle. München 2001.

Büchner, Luise: Die Frauen und ihr Beruf. (Erstdruck 1855, anonym) Band 4. vermehrte und verbesserte Auflage, Leipzig: Th. Thomas.1872.

Dalai Lama: Medizin und Mitleiden. In: Goleman, Daniel (Hrsg.). Die heilende Kraft der Gefühle. München 2001.

Dalai Lama: Ratschläge des Herzens. Zürich 2003.

Damasio, Antonio R.: Descartes Irrtum. Fühlen, Denken und das menschliche Gehirn. München 2001, 6. Aufl.

Damasio, Antonio R.: Descartes Error and the Future of Human Life. In: Scientific American. Putnam Okt. 1994.

Descartes, René: Die Leidenschaften der Seele. Hamburg 1984.

Deutsches Wörterbuch von Jacob und Wilhelm Grimm. Band IV,II. Leipzig 1877.

LeDoux, Joseph: Das Netz der Gefühle. Wie Emotionen entstehen. München 2003.

dtv-Atlas zur Philosophie, München 1991.

Ekman, Paul: Basic emotions. In: Dagleish, T. und Power, M. J. (Hrsg.), Handbook of Cognition and Emotion. Chichester 1999.

Ekman, Paul: Facial expressions of emotions. New findings, new questions. In: Psychological Science 3 (1992). S. 34 – 38.

Ellis, H. C. und Moore, B. A.: Mood and memory. In: Dagleish, T. und Power, M. J. (Hrsg.), Handbook of Cognition and Emotion. Chichester 1999.

Eliot, Lise: Was geht da drinnen vor? Die Gehirnentwicklung in den ersten fünf Lebensjahren. Berlin 2001.

Freud, Sigmund: Der Witz und seine Beziehung zum Unbewussten. Frankfurt a.M. 2001.

Freud, Sigmund: Abriß der Psychoanalyse. Das Unbehagen in der Kultur. Frankfurt a. M. 1970
Frostig, Marianne / Maslow, P.: Lernprobleme in der Schule. Stuttgart1978.
Gallup, Gordon G.: Mirror – image stimulation. In: Psychological Bulletin, 70, 1968.
Gangloff, Tilmann: Nicht nur Kevin ist allein zu Haus. In: Hamburger Abendblatt, 27.6.2002.
Gardner, Howard: Abschied vom IQ. Die Rahmen-Theorie der vielfachen Intelligenzen. Stuttgart 1991.
McGaugh, J.L.: Involvement of hormonal and neuromodulatory systems in the regulation of memory storage. In: Annual Review of Neuroscience 12 (1989).
Gebauer, Karl: Die Gefühle stehen aus Sturm – gebt Halt! In: Rems – Murr – Rundschau. 6.11.2002.
Gelernter, David: The Muse in the Machine. Computerizing Poetry of Human Thought. New York 1994.
Geowissen: Frau & Mann. Alte Mythen, neue Rollen. Heft Nr. 26, Hamburg 2000.
Goeudevert, Daniel: Der Horizont hat Flügel. Die Zukunft der Bildung. München 2001.
Goleman, Daniel: Emotionale Intelligenz. München 2000.
Goleman, Daniel (Hrsg.): Die heilende Kraft der Gefühle. München 2001.
Goleman, Daniel: Unser Gehirn tanzt. Interview in: Der Spiegel. Nr.6, 1996.
Greenfield, Susan A.: Reiseführer Gehirn. Heidelberg, Berlin 1999.
Gruntz-Stoll, Johannes: Ernsthaft humorvoll. Lachen(d) Lernen in Erziehung und Unterricht, Beratung und Therapie. 2001.
Hartmann Hinterhuber: Die Seele. Natur- und Kulturgeschichte von Psyche, Geist und Bewusstsein. Springer 2001.
Haug-Schnabel, Gabriele: Kinder lachen gern. Was ErzieherInnen im Umgang mit Humor wissen sollten. In: Kiga heute 4 / 2002.
Herzog, Roman: Gut und gütig. Eine Rede über Begabung und Elite. Gehalten am 2. Juni 1996 auf Schloss Eringerfeld. In: InterNationes. Bildung und Wissenschaft 3/97. Begabtenförderung.
Hesse, Hermann: Kinderseele. Leipzig 1998.
Hirsch, Rolf D. (Hrsg.): Psychotherapie im Alter. Göttingen 1990
Hobson, Peter: Wie wir denken lernen. Gehirnentwicklung und die Rolle der Gefühle. Düsseldorf 2003.
Hoffmann, Klaus, W. / Roggenwallner, Bernd: Das EQ-Programm für Kinder. So fördern Sie spielerisch die emotionale Intelligenz. Hamburg 2001.
Hüther, Gerald: Leben lernen ohne Dressur. Interview in: Publik – Forum, Nr. 10, 2003.

Huizinga, Johan: Homo ludens (Der spielende Mensch). 1938.
Hurrelmann, Klaus / Unverzagt, Gerlinde: Kinder stark machen für das Leben. Herzenswärme, Freiräume, klare Regeln. Freiburg 2000.
Jörg, Sabine: Der Ernst des Lebens. Stuttgart 1993.
Kast, Verena: Freude, Inspiration, Hoffnung. Olten 1991.
Kataria, Mandan: Lachen ohne Grund ... eine das Leben verändernde Erfahrung. Petersberg 2002.
Keupp, Heiner: Psychologisches Handeln in der Risikogesellschaft. 1994.
Kiphard, Ernst J.: Lachen auf Rezept – Clowns in Kinderkliniken. In: Zsch. Praxis der Psychomotorik 23, 3, Dortmund 1998.
Kiphard, Ernst J.: Humor, Komik und Lachen als therapeutische Elemente. In: Zsch. Praxis der Psychomotorik. 4, 1999.
Klein, Stefan: Die Glücksformel oder Wie die guten Gefühle entstehen. Hamburg 2002.
Kline, Peter: Das alltägliche Genie oder: Wie man sich in das Lernen (neu) verlieben kann. Paderborn 1995.
McLean, Paul, D.: The Triune Brain in Evolution. Role in Paleocerebral Functions. Plenum Press, New York, NY. 1990.
Liebertz, Charmaine: Das Schatzbuch ganzheitlichen Lernens. Grundlagen, Methoden und Spiele für eine zukunftsweisende Erziehung. Hrsg. Gesellschaft für ganzheitliches Lernen e.V. Don Bosco Verlag / Spectra Verlag. 5. Aufl. München 2003.
Liebertz, Charmaine: Spiele zum ganzheitlichen Lernen. Hrsg. Gesellschaft für ganzheitliches Lernen e.V. Don Bosco Verlag / Spectra Verlag. 3. Aufl. München 2004.
Locke, John: Einige Gedanken über die Erziehung. (1693). Paderborn 1967.
Lorenz, Konrad: Die acht Todsünden der zivilisierten Menschheit. München 1997.
Maciocio, Giovanni: Die Praxis der chinesischen Medizin. Die Behandlung von Erkrankungen mit Akupunktur und chinesischer Arzneimitteltherapie. Verlag für ganzheitliche Medizin, Kötzting / Bayer. Wald 1997.
Martin, Rod A. / Lefcourt, Herbert M.: Humor and life stress: Antidote to adversity. New York, Berlin 1986.
Miller, Alice: Das Drama des begabten Kindes und die Suche nach dem wahren Selbst. Frankfurt a. M. 1981.
Montagu, A.: Körperkontakt. Die Bedeutung der Haut für die Entwicklung des Menschen. Stuttgart 1974.

NICHD Early Child Care Research Network: The effects of infant child care on infant-mother attachment security. Results of the NICHD study of early child care. In: Child Development 68 (1997).
Olds, J.: Self-stimulation of the brain. Science, 1958, Nr. 127. S. 315-324.
Parrott, W. G. und Spackmann, M. P.: Emotion and memory. In: Lewis / Haviland-Jones (Hrsg.), Handbook of Emotions. New York, 2. Aufl. 2000.
Pascal, Blaise: L'art de penser, 1662.
Pauen, Sabina: Wie werden Kinder selbst – bewusst? Frühkindliche Entwicklung von Vorstellungen über die eigene Person. In: Vogeley, K. / Newen, A. (Hrsg.). Selbst und Gehirn: Menschliches Selbstbewusstsein und seine neurobiologischen Grundlagen. Paderborn 2000.
Pestalozzi, Johann Heinrich: Die Erziehung des Menschen. Ausgewählte Schriften. München o.J.
Pestalozzi, Heinrich: Wie Gertrud ihre Kinder lehrt. Baden-Baden 1947.
Pestalozzi, Johann H.: Sämtliche Briefe. Kritische Ausgabe. Hrsg. v. Pestalozzianum Zürich und Pädagogisches Institut d. Universität Zürich.
Postman, Neil: Keine Götter mehr. Das Ende der Erziehung. München 2001. 3. Aufl.
Prekop, Jirina: Einfühlung oder die Intelligenz des Herzens. München 2002.
Rau, Johannes: Den ganzen Menschen bilden – Wider dem Nützlichkeitszwang. Plädoyer für eine neue Bildungsreform. Weinheim 2004.
Rißland, Birgit: Humor und seine Bedeutung für den Lehrerberuf. 2002.
Roth, Gerhard: Fühlen, Denken, Handeln. Wie das Gehirn unser Verhalten steuert. Frankfurt a. M. 2001.
Rousseau, Jean-Jacques: Emil oder Über die Erziehung. Paderborn 1975.
Salovey, Peter / Mayer, John: Emotional Intelligence. Imagination, Cognition an Personality. 1990.
Scheich, Henning: Begeisterung diszipliniert. In: Der Spiegel. Nr. 27, 2002.
Schiffer, Eckhard: Warum Huckleberry Finn nicht süchtig wurde. Weinheim 1999.
Shoda, Yuichi / Mischel, Walter / Peake, Philip: Predicting adolescent cognitive and self-regulatory competencies from preschool delay of gratification: Identifying diagnostic conditions. In: Developement Psychology 26, 1990.
Singer, Wolf: Der Beobachter im Gehirn. Essays zur Hirnforschung. Frankfurt a.M. 2002.
Smith, David J. / Armstrong, Shelagh: Wenn die Welt ein Dorf wäre. Wien, München 2002.
Spektrum der Wissenschaft: Gehirn & Geist; Nr. 2 / 2002.

Spitzer, Manfred: Lernen. Gehirnforschung und die Schule des Lebens. Heidelberg 2002.
Strauch, Barbara: Warum sie so seltsam sind. Gehirnentwicklung bei Teenagern. Berlin 2003.
Struck, Peter: Die Kunst der Erziehung. Ein Plädoyer für ein zeitgemäßes Zusammenleben mit Kindern und Jugendlichen. Darmstadt 1996.
Struck, Peter: Wenn Lehrer gut sein sollen, brauchen Sie Zeit. In: Flensburger Tageblatt, 4.6.2003.
The Yellow Emperor's Classic of Internal Medicine – Simple Questions (Huang Di Nei Jing Su wen). People's Health Publishing House. Beijing 1979 (etwa 100 v.Chr. erschienen).
Titze, M. / Eschenröder, Ch. T.: Therapeutischer Humor. Frankfurt 1998
Trevarthen, Colwyn: Conversation with a two-month-old. In: New Scientist, 2.5.1974.
Varela, Francisco J.: Das Gehirn und die Gefühle. In: Goleman, Daniel (Hrsg.). Die heilende Kraft der Gefühle. München 2001.
Vauvenargues, Luc de Clapiere: Introduction à la connaissance de l'ésprit humain, suivi de reflexions et de maximes. Paris 1747.
Walser, Martin: Über ein Geschichtsgefühl In: Frankfurter Allgemeine Zeitung, 10.05.2002, Nr. 107.
Werth, Lioba: Auf die Haltung kommt es an. Bodyfeedback. In: Psychologie heute, Februar 2003.
Wiesse, Jörg: Identität und Einsamkeit. Göttingen 2000.
Zuschauer in Baiern. Erster Band 1779. S. 2.

Spieleregister

ABC der Gefühle, Das 76
Armer schwarzer Kater! 161
Bild, Das stille 143
Blinde Architekten 141
Busfahrt mit viel Gefühl 93
Chef – Vize 142
Das ABC der Gefühle 76
Das doppelte Lottchen 123
Das Gefühlepuzzle 78
Das Kinderparlament 148
Das Kugellager der Gefühle 144
Das sinnliche Gesicht 74
Das stille Bild 143
Deine Mokassins 129
Der Doppelgänger 127
Der Farbenkönig 160
Der gefühlvolle Flaschengeist 122
Der Kummerkasten 147
Der Lachbaron 159
Der Meister der Grimasse 163
Der Stimmungswürfel 72
Der weise Flaschengeist 73
Der Wutsack 97
Der Zaubertrunk 146
Der Zirkus Wunderbar 110
Die Mutmurmel 105
Die Waage 104
Die Waschmaschine Clementine 96
Die Zwillingstürme 121
Doppelgänger, Der 127
Du eckige Olive! 95
Eine Liebesgeschichte aus dem Fühletal 166
Ene Mene, Miene! 70
Farbenkönig, Der 160
Flaschengeist, Der gefühlvolle 122
Flaschengeist, Der weise 73
Frau Gräfin, die Pferde sind gesattelt! 77
Gebrochene Herzen 124
Gefühlepuzzle, Das 78
Gesicht, Das sinnliche 74
Händequiz 126
Herzenswünsche 107
Im Land des Lächelns 108
Kinderparlament, Das 148
Kleine Schlange, häute Dich! 91
Krabbenfußball 162
Kugellager der Gefühle, Das 144
Kummerkasten, Der 147
Lachbaron, Der 159
Lasst uns alle ... 112
Liebe Schnecke, komm heraus! 71
Lob tut gut! 138
Lottchen, Das doppelte 123
Mein Freund, der Bär 79
Mein Schätzchen 128
Meine Lernleiter 113
Meister der Grimasse, Der 163
Mutmurmel, Die 105
Onkel Beppi ist krank! 164

Ring frei für die Ringer! 98
Sag mir, wie ich mich fühl 120
Schiff ahoi! 125
Sesam öffne dich! 106
Sieh nach oben! 94
Spieglein, Spieglein an der Wand 157
Stimmungswürfel, Der 72
Taddäus Trost 90
Tante Lehnchen tickt nicht richtig! 158
Tunnelball 140
Von Qualkappen und Metterschlingen 165
Vorhang auf ... 80
Waage, Die 104
Waschmaschine Clementine, Die 96
Wer hat an der Uhr gedreht? 92
Wer ist der Chef? 139
Wichteln tut gut! 109
Wie war ich? 81
Wutsack, Der 97
Zaubertrunk, Der 146
Zirkus Wunderbar, Der 110
Zwillingstürme, Die 121

Danke!

Mein besonderer Dank gilt diesen Menschen mit großer Herzensbildung:

- Jérôme, meinem dreizehnjährigen Sohn, der verständnisvoll reagierte, wenn er meinen *Standardsatz* hörte: „Jetzt nicht, ich schreibe an meinem Buch!"
- Gesa Rensmann, die Lektorin des Don Bosco Verlags, die mich für das Thema begeisterte und trotz ihrer Babypause fleißig an meinem Manuskript feilte. Danke auch an Jakob, ihren 6-monatigen Sohn, der hierfür vollstes Verständnis aufbrachte.
- Allen Trainerinnen und Trainern der Gesellschaft für ganzheitliches Lernen e.V., die mir mit Rat und Tat zur Seite standen.
- Dr. Herbert Schmidt vom Institut für Deutsche Sprache in Mannheim, der begeistert nach dem Ursprung des Wortes *Herzensbildung* suchte und dabei auf *lexikalische Edelsteine* stieß.
- Frau Imke Mees vom Museum für Ostasiatische Kunst für ihre Gabe, mir chinesischen Schriftzeichen verständlich zu machen.

Vielen Dank auch den ErzieherInnen, LehrerInnen und FachberaterInnen aus allen Bundesländern, die mit großem Interesse an meiner Erhebung teilgenommen haben, mir wertvolle Tipps gaben, Spiele entwickelten und erprobten:

Elisabeth Bally, Barbara Bauer, Susanne Bauer, Veronika Bauer, Brunhilde Baumbach, Vanessa Birgel, Barbara Bittner, Heidi Blechschmidt, Michaela Broy, Petra Bünigwatz, Hedda Büsselberg, Uschi Büthe, Ramona Eisentraut, Claudia Enkel, Margret Eschemann, Karin Fuchs, Elvira Haid, Christa Hanke, Kerstin Harms, Sabine Haverkamp, Martina Havlik, Maria Hemberger, Ursula Hover, Monika Hubai, Gabriele Huppenberger, Rita Irsiglei, Annedor Jung-Seyedein, Angelika Kaaserer, Bettina Kämper, Gabriele Kittel-Oberherr, Teresa Kleinemas, Miriam Kremer, Annegret Kronthalve, Marina Kulbe, Petra Kurz, Christina Langhorst, Claudia Lill, Maria-Olga Lohmeier, Ellen Lüke, Martina Müller, Karina Neigerfind, Heike Niehaus, Karin Orth, Brigitte Paepenmöller, Christiane Pagenberg, Ute Peter, Elke Peters, Rita Pulverich-Kettner, Christa Rabitsch, Ingeborg Rachny, Anne Reckwerth, Claudia Riechert, Katrin Runge, Gabi Sauer, Kerstin Scharenberg, Wolfgang Seul, Irmtraud Sperl, Karin Steinbichler, Theres Straßberger, Heidi Syassen, Anke Toepper, Steffi Vogt, Kathrin Weber, Heidrun Weitbrecht-Steinert, Emmi Weitkamp, Dorthe Weller, Monika Wiedemann, Johanna Wieshen, Katrin Zinn.